认识圣洁

The Holiness Of God

【美】史普罗（R. C. Sproul）著

黄一亭 译

The Holiness Of God
认识圣洁

献 词

给卡琪（Kaki）、瑞恩
（Ryan）及他们这一代人，
他们可能正生活在新的
宗教改革运动中。

致 谢

非常感谢温德尔·郝利（Wendell Hawley）在这个项目中对我的鼓励。如果说本书阐述还够明确的话，那要归功于我的妻子维斯塔（Vesta），她是我的编辑，要求严格但充满爱心这本书令人耳目一新，真是灵魂的食粮。当今的世代，在教会生活中有许多方面需要被重建，神圣洁的同在是其中最迫切的。本书堪称是在这个主题上写得最好的一本。

大卫·F·威尔士博士

美国戈登康维尔神学院著名高级研究教授

《美国改革宗神学》作者

史普罗的《神的圣洁》已经成为二十世纪改革宗文学经典。再没有什么能比认识神的圣洁并尊崇、敬畏他更重要的了。我很欣慰它得以再版，希望新生代的人能够认识其中真意。

德里克·W·H·托马斯

杰克逊市改革宗神学院系统神学与实践神学教授

密西西比州杰克逊市第一长老会教导牧师

认信福音派联盟主编

为了神的荣耀、别人的益处和你自己的喜乐，请反复阅读这本书。这些年来，我一直对它爱不释手。

马克·德里斯科尔

马尔斯山教会牧师

每一个世代都有一个责任，那就是给将来的世代留下属灵的遗产。用属灵的洞见来激励他们，用来自我们救主耶稣基督荣耀的福音来鼓舞他们，使他们能够荣耀神。史普罗博士的《神的圣洁》和《认识预定论》就是留给将来世代的属灵遗产。

《神的圣洁》和《认识预定论》是颂赞主的书海里的两滴水。打开这两本书，你就会发现圣经的真理被深入阐释和传讲，令人鼓舞。

希望这些书能够带给你益处。愿神通过你来做大事，直到他再来的那一天。

哈里·里德博士
阿拉巴马州伯明翰市布莱尔伍德长老会牧师

在基督徒的生活中，没有一件事是比知道神的属性更重要的。在这本书中，史普罗博士向我们展示了这个观点的意义，并且挑战我们去思考神的圣洁的深刻含义。当我们深入思考的时候，这也能让我们认识真实的自己，重新悔改，带着更深的奉献和承诺转向神。这本书能够帮我们做到这一点。

杰拉德·布里
美国桑佛大学毕森神学院神学教授
《神的旨意和圣洁》作者

加尔文认为，"认识神是我们最大的需要"。若果真如此，那么我们这个时代的特殊需要就是认识神的圣洁。由于忽略了神的圣洁这一主题，无论是在属灵生活还是在为主做见证上，我们都遭受了很大的损失。愿神使用这本书来祝福和重建新生代的读者。

艾瑞克·J·亚历山大
苏格兰格拉斯哥市圣乔治教堂前任牧师

这个时代中，太多人想要逃避神的属性，然而，《神的圣洁》坦然无惧地告诉我们应该敬畏谁。这本书会深刻地影响教会，因为神的圣洁能改变一切。这本书是给这个病态的世代、软弱的教会和疲倦的朝圣者的一剂良药。

史普罗·Jr博士
高地事工建立者

目　录

第一章

圣 杯

一位勇敢的骑士，

满怀愉悦之情，

忽隐忽现地出现在阳光下；

一路纵马驰骋而去，

慨然高歌，

只为追寻梦中的人。

——爱伦坡

（EDGAR ALLAN POE）

　　我不由自主地离开房间，一阵低沉而无法抗拒的呼唤扰乱了我的睡眠，是某种圣洁的东西在呼叫我，但我只听见办公桌上的闹钟有规律地滴嗒作响。那呼唤显得模糊不真，如同从一间沉没于千尺深水的斗室发出来的。我早已魂游梦乡，处于半意识状态，神智一片恍惚。当时我仿佛"如临深渊、如履薄冰"，飘荡在外界的一个声响足以搅动宁静的脑海。那时正当夜幕低垂，人们几乎完全向她归降了，我似睡非睡、似醒非醒。那发自深处的呼唤依然清晰入耳，说道："起来！走出这间屋子。"呼唤的声势渐趋强烈，急迫得令人无从抗拒。我渐渐清醒过来，忽然从床上坐了起来，转个身使双脚着地，霎时睡意全消，顿觉自己生龙活虎了起来。不稍片刻，我已穿戴整齐，走出了学院宿舍。我迅速地瞄了一眼钟表，在脑子里记下时间，现在距午夜十二点还差十分钟。

　　夜间空气寒冷，把早晨刚下的雪冻得像一块做旧的地毯。我朝着校园中央走去，脚底下嘎扎嘎扎作响。月光在校内一幢幢建筑物上罩上一层魑魅般的帷幕，屋缘有着壮观的冰柱——那是下滴的水在半空中被冻住而形成的冰剑，乍看之下犹如一颗颗阴森森的獠牙。这些天然的水滴结晶体，绝非人类穷尽建筑技艺所能设计出来的。在古塔顶端的时钟开始绞动齿轮，两根指针遇合，笔直地拥抱彼此。在音乐钟声鸣响前的刹那，我听见那组机器沉吟着，四种声调悠扬地奏出，一个钟头已飞逝而去了。紧跟着音乐钟声之后，敲出了十二响宏亮、沉稳的钟声。我心中静默着，想在它可能敲错之际逮个正着，我有吹毛求疵的癖好。只可惜无隙可乘，钟塔精确地传出十二响，听起来就像法官愤然掀起小木槌，狠狠地往金属板上敲击一样。

　　教堂笼罩在古塔的阴影下，它有着厚重的橡木雕成的哥特式拱门。我推开门走进玄关，门在我身后"砰"的一声关上，回声在教堂正厅的四面石墙中回荡，余音缭绕，不绝于耳。

　　我被这一阵响声吓呆了，这种声音和学生们每天敬拜时拖拖拉拉入席就座的声音截然不同。那时他们的脚步掩没了门开关的嘈杂声，而现在门却砰然一声，在静谧的夜空中震耳欲聋。

我在玄关静候了一会儿，好让我的双眼适应这一片黑暗的世界。朦胧的月光从隔音的彩色玻璃窗透进来，我依稀辨认出一排一排座椅的轮廓，也隐约看见通往诗班席位的中央通道。教堂拱形的圆顶天花板，更衬托出恢宏空旷的气势。这令我的灵魂飘飘欲仙、凌越云霄，就像从天上伸出一只奇大无比的手，把我接上去一样。

我小心翼翼地一步一步往诗班席位的阶梯走去，鞋子在石板上蹬蹬作响，使我不禁联想到踏着钉靴的德军在鹅卵石街道行军的恐怖景象。当我踏上了铺着地毯的诗班席位时，脚下的每一步，都在中央通道上留下了铿锵的回音。

终于抵达了目的地，我跪在那里，准备迎接那位发声扰我清梦者的庐山真面目。

虽然我摆出一副祷告的姿势，却不知道该开口说些什么。我默默地跪着，静候被一位圣洁的神亲自充满的感觉；但我的心却聒噪地跳动着，在我的胸膛里砰砰作响。我的背脊起了一阵冰寒的颤抖，从背部一直凉到脖子上，忽然一阵恐惧的浪潮淹没了我。我极力挣脱盘踞在我心中的预兆，我要逃避神的面。

待恐惧感消退，另外一阵波涛紧接而来。这是另一种奇异的浪潮，一股不可言喻的平安冲刷着我的灵魂，使我饱受摧折的心立即得着安息和宁静。我马上觉得舒畅快慰极了，只想在那儿多逗留一会儿，不说什么也不做什么，只单纯地沐浴在与神同在的情景中。

那是生命蜕变的时刻。从此在我的心灵深处留下了一种历久不变的特质，从此没有后悔的余地，它深深地影响了我，永远刻骨铭心。只有我单独和神在一起——那位圣洁的神，那位令人肃然起敬的神，那位可以在转瞬之间以恐惧和平安充满我心的神。那时，我知道自己已经尝到了圣杯的滋味，心中涌起一股新的饥渴，世上再也找不到什么能够满足这份饥渴了。我下定决心不到黄河心不死，我要追寻这一位住在哥特式教堂黑暗之处的神，我要认识这一位闯进我宿舍寝室，把我从酣睡中吵醒了的神。

究竟是什么原因，使得一位大学生在三更半夜爬起来寻找神的显现呢？原来是那一天下午，教室里发生了一件事，引发了我前往教堂的动机。我是个信主不久的基督徒，我信仰的转变发生得既突然又富戏剧性，与保罗在大马士革途中所遭遇的如出一辙。从此，我的生命如脱胎换骨般彻底改变。我极其渴慕耶稣基督的甘甜，一种崭新的热情吞没了我，我要研读圣经、要学习如何祷告、要征服攻击我的诸般邪恶，而且要在恩典中成长。我迫不及待地要为基督而活，我的灵魂发出歌咏："主啊！我要成为基督徒。"

然而，我那幼嫩的基督徒生命却欠缺了某种东西。纵使我有满腔的热情，看起来却肤浅乏味，单纯得近乎头脑简单。我是个名不符实的一神论者，只知道三位一体神中的第二位格，即知道耶稣是谁，却认为天父高深莫测。他是隐匿的，在我心中是个谜，我的灵魂与他形同陌路，因为有一块黑纱遮在他的脸上。

然而，我所修的哲学课使这一切都改变了。

这一门课丝毫提不起我的兴趣，我只是迫不及待地想赶紧修完冗长乏味的课程，尽快拿到学分而已。我选择了主修圣经，因为哲学课所谈论的抽象推理，对我而言无异于浪费时间，而听教授把原因和疑点提出来大肆辩论，令我觉得空洞无比。我的灵魂得不着滋养，想象力也日渐迟钝了，更令我心寒的就是既艰涩又沉闷的学识困惑，这种情形一直持续到那年冬天的一个下午。

那一天的授课内容，是关于一位名叫奥古斯丁的基督教哲学家。我在历史课中知道罗马大公教会册封他为圣徒，人人尊称他为圣奥古斯丁。教授为我们讲解奥古斯丁对于创造天地的观念。

我对于圣经记载的创造天地经过，早已耳熟能详了。我知道旧约圣经头一卷书，开宗明义地写着："起初神创造天地……"我却从未深入思考创造天地这一个原始行动。奥古斯丁出神入化地探索这一荣耀的奥秘，并且提出了一个疑问："这事情怎么成就的呢？"

"起初……"

这听起来就像一般神话故事的开场白："古时候……"但问题是，在起初的世代中，根本没有我们所谓的"时候"。我们认为起初是历史上某一个阶段的出发点。童话中的灰姑娘有母亲也有外婆，她的故事发生在"古时候"，而不是一个绝对的"起初"。在灰姑娘之前，有君王和后宫嫔妃，有巨岩大树、良驹野兔以及水仙花等等的故事。

在《创世记》第一章所提到的起初之前，又是什么世界呢？亚当既没有父亲也没有祖先，没有史书典籍供他查阅，因为那时候还没有历史。在创造天地之前，没有君王和嫔妃，没有巨岩也没有大树，什么都没有——当然，除了神以外，什么都没有。

就是这一堂哲学课，害我患上了偏头痛。我得知在这个世界拉开序幕之前，什么都不存在。但究竟什么是"无"？你是否曾经想过什么是"无"？我们该往何处去寻找它？显然它是无处可寻的。为什么？因为它是"无"，根本就不存在。它无法存在，因为假如它存在，它就是某种东西，而非"无"了。你是否开始和我一起头痛了呢？花几秒钟的功夫想想它。甭提了！我不该告诉你想想"它"是什么，因为"无"并非一个代名词"它"呀！我只能说："无就是没有。"

所以，我们怎么可能想想什么是"无"呢？那是办不到的，那简直是不可能的。假如我们努力去想"无"是什么，我们总是间接地想起某些东西。每当我试图想象"无"的时候，我开始在脑中描绘一大堆虚无缥缈的空气。然而空气也是一种东西，它有重量也有形质，这一点是我从一根铁钉穿破我汽车的轮胎而得知的。

爱德华兹（Jonathan Edwards）曾经说，摇篮曲中所梦想的境界就是"无"，但这仍然无济于事。我的儿子给"无"下的定义反而听起来顺耳多了。当他就读高中的时候，有一天他放学回家，我问他："儿子，你今天做了些什么？"他跟往常一样地回答说："没什么。"因此，我为"无"下的最佳定义是：我那上高中的儿子每天的例行公事。

　　我们所知的创造力，往往和油彩、泥土、纸上的音符或者其他物质的雕塑、刻画息息相关。经验告诉我们，没有一位画家作画不用油彩，或者作家写作不用文字，或者作曲家不用音符。巧妇难为无米之炊，艺术家必须借东西来着手创作。艺术家所做的不过是雕塑、刻画某些物体，或者把它们重新组合罢了，他不能凭空创作。

　　圣奥古斯丁告诉我们，神凭空创造了天地。所谓"创造"就像魔术师从帽子里掏出一只小白兔一样。只是，神并没有小白兔，更没有帽子。

　　我的邻居，是一位手艺精细的木匠。他有一项特长，是替专业魔术师打造各式各样的橱柜。他曾经邀请我去参观他的工作房，还示范如何制作魔术盒及各种橱柜，它的秘诀在于巧妙地利用镜子。当舞台上的魔术师来来回回地把玩着一个空盒子，或者是一顶空帽子时，你所看到的只是半个盒子或者半个帽子。就以空帽子为例，在帽子的正中央镶有一面镜子，镜子把帽子空的那一面反射出来，使人看到一个尺寸一模一样的镜像。这个幻象制造出一种视觉效果，令人以为看见了空箱子的整个内貌；实际上你所看到的只是帽子的一半而已。另一半的空间足够藏许多雪白的鸽子，或者是一只胖嘟嘟的兔子。这其中并没有多少真本领，不是吗？

　　神并未借着许多面镜子来创造天地。否则，他就必须从半个世界来着手，然后用一面巨型镜子来把这一半世界藏起来。创造的真谛是赋予万物存在的形质，这必然也包括镜子，是神凭空创造了这个世界。古时候什么都没有，突然间，借着神的一声吩咐，宇宙就诞生了。

　　我们仍然要问，究竟他如何成就这一切？圣经上唯一的线索告诉我们，是神"命令"这个宇宙出现的。奥古斯丁所用的词汇更传神，他称之为"圣旨"或"圣谕"。我们都知道何谓旨意，简单地说就是一道命令，"诏命"（FIAT）亦然。当奥古斯丁描述"诏令"（FIAT）这个词的时候，在他脑中呈现的并不是一辆精巧的意大利菲亚特汽车。"诏令"在字典上的定义，是指一道命令，或者一件富有创造意志的行为。

现在，我正在操作一部IBM公司制造的计算机，来写这一本书。这部机器是一件令人叹为观止的杰作，它拥有相当复杂的零件，这部机器是设计来执行某些特定命令用的。假如我在操作键盘时不慎犯了些错误，我无需赶紧求助于橡皮擦，只要按键钮输入一道命令，计算机就会替我效劳，更正我的错误。计算机依照命令运作，然而我的命令所操纵的范畴有限，唯有那些事先经过程序设计而输入计算机的命令，才能有效执行。我倒真希望自己只要三言两语地交待计算机："我要出去打高尔夫球，拜托你帮我完成。"或对着计算机屏幕命令它："给我写完这本书！"但是这部笨机器仍旧无法执行我的命令。

神的命令不受限制，单凭他圣谕的威势，就能随心所欲地创造天地。他能无中生有，叫死人复活，仅仅借着他所发出来的声音，就能完成这一切。

响彻宇宙的第一个声音，就是神下令的声音："要有！"说它是宇宙"中"的第一个声音并不恰当，因为直到这个声音出现之前，根本不存在什么宇宙可以涵盖这个声音。神向虚空呼叫着——它或许是一种朝向空旷的黑暗所发的原始呼唤。

这个命令自制了一些分子微粒，把神所发出来的声波传递到遥远的太空中。然而这些声波远播得一发不可收拾，传递旨意的速度超过光速。这些话一由创造主脱口而出，瞬息起了剧变。他的声音还在回荡之际，众星辰就出现了，它们随着天使歌声的节奏，闪烁着绚烂的光辉。这股神圣威力的气势布满了天空，就像一位艺术家以调色盘挥洒一片如万花筒般的色彩。许多彗星拖着闪亮的尾巴在太空中交会着，就像七月四日美国国庆节时，空中璀璨的烟火一样。

创造天地之举是历史上的头一件大事，同时也是最壮观的事件。至高无上的大建筑师凝视着手上繁复的蓝图，然后扬声下令，划定了海陆疆界。他一说话，一扇扇门就封锁了诸海域，云彩沾着露水。他绑住了金牛星座的七颗星星，系上了猎户星座的腰带。他又开口，地球就遍布了繁华茂盛的果园，花儿朵朵怒放，像极了密西西比春天的风光。淡紫色的梅花和鹅黄色的连翘争奇斗艳。

神再度吐出字句，诸水域中就充满了各种生物。在黄貂鱼如影子般的身躯之下，潜行着海蛞蝓，同时，状似旗鱼的马林鱼跃出水面，甩着长尾巴穿梭在浪花上。他再次启口，就传来阵阵狮吼，也听到了绵羊咩咩的叫声，四足动物、八爪蜘蛛和挥舞着羽翅的昆虫，都跃然活现于眼前。

于是神说："很好。"

神俯身就近地球，拾起一把尘土小心翼翼地捏塑起来。他把尘土捧到嘴边，温柔地向它吹了一口气，于是这把尘土开始活动了。他开始思想，有了感觉，并且俯伏敬拜。他精力充沛，身上带着造物主的形象。

想一想拉撒路从死里复活这件事，耶稣靠什么来完成这件事呢？他并未走进陈放拉撒路腐尸的那座坟墓，他也没有实施口对口的人工呼吸，他只从远远地站在坟墓外头，高声呼唤着："拉撒路，出来！"于是，血液开始在拉撒路的脉管中流动，他的脑波开始活动。在这一阵生命的悸动之后，拉撒路就告别坟墓走了出来。这是出于诏令的创造，是借着圣旨的威力完成的。

许多现代理论家相信，这个世界是无中生有的（the world is created by nothing）。请注意它和"这个世界是由无而有的"（the world is created from nothing）之间的差异。从前者现代的观点看来，兔子就是从一头没有兔子的帽子中跑出来的，甚至说兔子是在没有帽子、也没有魔术师的情形下跑出来的。这个现代观点比圣经的论点还不可思议，言下之意就是说：有些东西是无中生有的；甚至有人还认为：万物都是无中生有的——真可谓功不可没啊！

在现今科学昌明的时代，很少有人会大声疾呼宇宙是无中生有的吧？错了，这种人为数还不少。诚然，通常他们陈述的方式与我的说法并不相同，他们甚至还可能对我擅自以这个口气来陈述他们的观念大为光火。无疑，他们要抗议我以一幅讽刺漫画扭曲了他们崇高的地位。好吧！他们确实没有说宇宙是无中生有的，但他们说的是宇宙之创造是出于偶然的机会。

但是，偶然的机会不是有形质的东西，它没有重量、无法测量，也没有能力。它只是我们用来描述数学几率的一个字而已。因为它是虚无的，所以它毫无能力。赞同宇宙是由偶然的机会创造出来的，无异于承认宇宙来自于"无"。

这简直是一派胡言。在偶然机会中创造出一个宇宙的几率又有多少？

圣奥古斯丁知道，这个世界不可能在偶然的机会中造成。他深知要完成这件浩大的工作，一定需要某种东西或者某些具有能力的东西，即具备创造力的东西。他知道物质不可能凭空出现。他确信，无论如何在某个地方、某件物体或某个人身上，一定具有"存在"的能力，否则，现在不可能存在任何东西。

圣经上说："起初神……"我们所敬拜的神是那一位自有永有的神，唯独他能够创造生物，因为只有他具有"存在"的能力。他不是虚无的，他不是一个偶然的机会，他是确实的"存在者"，他具有能力成为百分之百的他自己。唯独他是永恒不朽的，唯独他能胜过死亡，唯独他能凭着自己的诏命、凭着他的命令来吩咐世界。这是何等令人敬畏的能力！他配得尊荣并值得我们献上谦卑的敬拜。

神凭空创造了世界，只靠他的声威——就是奥古斯丁的这一段话，使我三更半夜跑到教堂来寻找神。

如今我知道何谓经历信仰的蜕变，我知道重生的意义，我也明白一个人只能重生一次而已。圣灵一旦唤醒了我们的灵魂，催促我们渴慕在基督里的新生命，他决不会半途歇下他的工作，而是会继续在我们身上动工，不眠不休地改变我们。

我在这一堂课中所经历的思考创世的过程，就像经历了第二次的重生。我不仅仅信奉圣子为神，更进而信奉圣父为神。突然间，我渴望更多地认识父神，我急欲从他的威仪方面来认识他，从他的权能方面以及从他令人望之生畏的圣洁方面来认识他。

我并未幸免于因信奉父为神相继而来的困难。虽然神凭空创造整个宇宙的概念令我深受感动，但我百思不解，何以我们所居住的世界竟然充满了忧伤？这是一个遭受邪恶百般蹂躏的世界。下一个困惑紧跟着又来了，何以一位至善至圣的神竟创造了一团糟的世界？当我翻开圣经来研究时，我对其中关于神下令屠杀妇孺，关于神因为乌撒伸手扶住约柜就立时击杀他，以及其他种种显明神残忍性格的记载，也同样满腹狐疑。我怎能去爱这么一位神呢？

在圣经中，我不断地碰到一个主题，就是神是圣洁的。但我对圣洁这个词一无所知，我对它的真正意义也毫无把握，所以我下定决心钻研这个问题。今天我仍然把全副心思放在研究神的圣洁这个问题上，我确信这是基督徒不可或缺的重要观念之一，也是我们要全盘了解神和基督教的基本要道。

"圣洁"是圣经教训中非常重要的主题，因此提到神便说："他的名为圣洁"。他的名字是圣洁的，因为他是圣洁的。但人们并未尊他为圣，他的名字被世人践踏在尘土中。人们用他来咒诅，以他为宗教的亵渎教条。从世人对待他名字的态度，我们看见一幅世人不尊重神的活生生画面。人们不荣耀他、不尊崇他。世人在他面前不懂得要敬畏他。

假如我向一群基督徒提出一个问题：教会的首要前提是什么？我相信答案必是无奇不有、包罗万象的。有人认为"传福音"最重要，有人认为是"社会慈善工作"，然而也有人认为是"栽培灵命"。但我从未听人论及在耶稣的眼中，什么才是首要前提。

主祷文中所祈求的第一件事是什么？耶稣说："你们祷告要这样说：'我们在天上的父……'"主祷文中的第一句祷词并不算是一个祈求，它是一种人格化的发言方式。主祷文接着说："……愿人都尊你的名为圣。愿你的国降临……"我们往往把"愿人都尊你的名为圣"和其他的祷词搞混了，以为是"你名叫圣洁"。在这种情况之下，这些话只是颂扬神的一句赞美之词罢了。但是那并不是耶稣的口吻，他所发出来的一句祈祷，是主祷文中的第一个祈求。我们应该祈求让神的名被尊为圣，让神被尊为圣洁的神。

主祷文有一种循序渐进的形式，神的国度不会降临在一个不以神的名为圣的地方。假如他的名在这个地方遭人亵渎，那么他的旨意就不可能行在这里如同行在天上。神的名在天国是圣洁的，天使们以神圣不可侵犯的声音叫出他的名字。在天国，神的名字得到全备的尊崇，没有人会愚蠢地在不尊崇神的地方寻求神的国度。

圣父的位格和属性真的对我们一生有深远的影响，其影响力远甚于我们日常的宗教生活层面。既然神是整个宇宙的造物主，那么他必定是整个宇宙的主宰。世界上没有一块地方不在他的主权统治之下。言下之意就是说，我生命中的每一部分都在他的主权之下。他圣洁的性格与我们周遭经济、政治、运动和爱情等大大小小的事情都息息相关。

我们无法躲避神，没有任何地方可以把我们隐藏起来。他不但渗入了我们的生命之中，而且将他威严的圣洁渗进了我们的生命中，因此我们必须寻求圣洁的真谛，没有圣洁，就没有敬拜，灵命也就无法增长，更无法完全顺服。圣洁使我们知道成为基督徒的目标是什么，神曾经明言规定："你们要圣洁，因为我是圣洁的。"

为达到这个目标，我们必须明白何谓圣洁。

让神的圣洁来触及我们的生命

你已经学习并重新发现了神的圣洁，请回答以下问题。用一篇日记来记录你对神的圣洁的回应，或者和朋友讨论你的回应。

1. 当你觉得神是圣洁的时候，你心里会怎么想？

2. 描述一下，你在什么时候被神的圣洁所折服。

3. 你被神的圣洁所吸引吗？

4. 在接下来的一周，"成为圣洁"对你意味着什么？

第二章

圣哉！圣哉！圣哉！

织一个圆圈，
把他三道围住，
闭上你双眼，
带着神圣的恐惧，
因为他一直吃着蜜样甘露，
一直饮着天堂的琼浆仙乳。

——柯勒律治
（SAMUEL TAYLOR COLERIDGE）

旧约圣经中以色列的先知是很孤独的。神从千万人中挑选了这么一位历尽沧桑而独特的异人，为要托付他一件多苦多忧的工作。他担任检举各种案件的起诉人，是天地间最高法官任命的代言人，控诉着所有冒犯法庭的罪人。

哲学家尽情发表言论，作为各派学者议论的题材；戏剧家创作了各种剧本，用来娱乐大众。先知与他们不同。他是一位信差，是宇宙之王的传令官，他一开口宣读告示的引言是："神如此说。"

先知一生的记载，读起来就像一本殉道史。他们的史迹就像在第二次世界大战时，由第三世界传出来的种种无辜事件的报导。先知一生的最大期许，正如一位身在沙场的海军上尉的盼望一样。

圣经上这样形容耶稣："他被藐视，被人厌弃，多受痛苦，常经忧患。他被藐视，好像被人掩面不看的一样，我们也不尊重他。"（赛53：3）。这清清楚楚地告诉我们，先知被神所选召要历经苦楚，就像耶稣一样。先知命中注定要受孤绝凄凉的咒诅，他往往以洞穴为家，旷野是他与神会面的传统地点。有时候会袒胸露体，用辛酸的泪水谱成他自己的诗歌。

亚摩斯的儿子以赛亚正是这一类的典型人物。旧约衣冠楚楚的群英大会之中，以赛亚是雄姿英俊、锋头最健的一个。他是先知中的佼佼者，是首屈一指的领袖人物，后人尊称他为"大先知"，因为他的著作甚丰。

就先知而论，以赛亚显得相当特异超群。大多数先知均出身卑微，有佃农、有牧羊人，也有农夫。以赛亚却出身贵族，是颇负盛名的政治家。他在当时与朝廷往来密切，君主、皇子都和他称兄道弟。神差遣他去对犹太许多个王说话，其中有乌西雅王、约坦王、亚哈斯王和希西家王。

以赛亚之所以离开他的亲朋故友，成为以色列的先知，乃是受一个神圣呼召的激励。这个呼召并非出于人。他不可能有资格申请到这份工作，他必须蒙拣选——由神亲自挑选的。这个呼召极具权威性，不容人有推辞的余地。（耶利米曾经试图拒绝呼召，但是神立刻提醒他，他早在耶利米未出母胎时，就已将他分别为圣了。耶利米任职一段时间之后，曾企图再度提出辞呈，然而神拒绝了他的请辞。）先知工作的聘期是一辈子的，既不容中途离职，退休后也别期望领到抚恤金。

旧约圣经中关于先知蒙呼召的记载，以赛亚的遭遇是最戏剧化的。圣经告诉我们，这个事件发生在乌西雅王驾崩的那一年。

乌西雅王于公元前八世纪驾崩，他的王朝在犹太人的历史中占了相当重要的地位。犹大国只有少数几个优秀的君王，他算是其中之一。他虽然比不上大卫王，却远胜北国腐败的诸王（如亚哈）。乌西雅王登基的时候年方16岁，他在耶路撒冷做王52年。想想看，52年多么漫长哪！美国在过去52年中，由杜鲁门、艾森豪威尔、肯尼迪、约翰逊、尼克松、福特、卡特、里根、布什、克林顿、布什等诸位总统执政。但是，耶路撒冷城中的百姓们，却有好多人一辈子都在乌西雅王的统治之下度过。

圣经告诉我们，乌西雅王初掌王权的时候，是位敬虔爱神的好王，他"行耶和华眼中看为正的事"。他专心寻求耶和华，耶和华就使他亨通。他在攻击非利士人和其他列国的战役上均传捷报。他在耶路撒冷城中搭造高塔，又建筑牢固的城墙，在旷野挖了许多井，并且奖励百姓拓荒务农。他在犹大城中贮备了雄厚的武力，其强盛之势可媲美大卫王。乌西雅王在其一生当中，有大半辈子是以一位伟大而令人爱戴的君王著称。

然而，乌西雅王的故事却以悲剧收场，他的晚年就像大文豪莎士比亚笔下的悲剧英雄一样。他一生叱咤风云，却在他享尽了荣华富贵与权势之后，因为心高气傲而功亏一篑。他想向神使诈，所以胆大妄为地进了神的殿，傲慢地强求神赐给他祭司的特权。当圣殿中的祭司阻止乌西雅王亵渎犯上的举动时，他勃然大怒。当他向他们怒吼时，忽然在他的头上长出了大麻风。圣经如此说：

乌西雅王长大麻疯直到死日，因此住在别的宫里，与耶和华的殿隔绝。（代下26：21）

当乌西雅王崩殂之时，虽然他晚年声名狼藉，但举国仍然哀悼，视为国丧。或许因为遭逢个人和国家的忧患，以赛亚进入圣殿中，想寻求慰藉，却出其不意地有了额外的巨大收获。

当乌西雅王崩的那年，我见主坐在高高的宝座上。他的衣裳垂下，遮满圣殿。（赛6：1）

这位君王不在人间了，但是以赛亚进入圣殿后，他看到了另外一位君王——一位至高无上的君王，神的宝座永永远远坚立在犹大，他所看到的是主。让我们仔细看看在第6章第1节中的Lord（主）这个词。它的开头字母是大写，其余字母则是小写。这个词和稍后在经文中频频出现的LORD（耶和华）这个词有显著的不同。有时候，Lord这个词会写成LORD，即全部是大写字母。这并不是印刷错误或者由于各个段落的译者之间译法不一致而造成的。大多数英文版圣经对于"主"这个词的翻译，时而写成LORD。这个区别乃由于希伯来原文圣经中出现的是两个词。译者以Lord 代表希伯文圣经中的主（Adonai)，意思是"至高无上者"。它并不是神的名字，只是神的尊称，是旧约圣经中对神极为尊崇的头衔。LORD这个词则表示旧约圣经中希伯来文雅威（Janweh）。雅威是神至圣的名字，是神在燃烧的荆棘中向摩西显现时自称的圣名。这是个讳言的名字，是个不该轻易提到的名字，是以色列人一辈子要谨防亵渎的圣名。这个词通常只用四个希伯来文字母hywh来代替。因此它被列为神圣的"四字音符号"（tetragrammation），即四个讳言的字母。

例如，我们在诗篇里面可以发现这些字对照之下的差异。《诗篇》第8篇行文如下：

"耶和华（LORD）我们的主（Lord）啊，你的名在全地何其美！"照犹太人的读法则是："雅威（Jahweh）我们的主（Adonai）啊，你的名在全地何其美！"或者我们可以翻译成："上帝我们至高无上的主啊，你的名……"在《诗篇》110篇我们又读到："耶和华（LORD）对主（Lord）说：'你坐在我的右边'"。诗篇作者所要表达的是："神对我至高无上的王说：你坐在我右边。"

耶和华（LORD）是神的名字；主（Lord）则是他的尊称。就拿美国总统乔治·布什来说，乔治是他的名字，总统则是他的尊称和官衔。倘若在本地的最高官衔是总统这个职位，那么以色列的最高头衔就是"至高无上之王"这个职位。主（Adonai）这个尊称是特别献给神的头衔。这个头衔在新约里头则用来尊称耶稣。当基督被称为主（Lord）之时，他在新约被赋予的地位正是旧约中主（Adonai）的身份。耶稣被称为万王之王、万主之主，享有从前神所独得的尊称，也就是天地之间至高无上的权威统治者。

当以赛亚进入圣殿的时期，地上的最高权威者正濒临危机，乌西雅王驾崩。以赛亚却因此得以目睹统治这个国家的真正大君王，他看见主坐在高高的宝座上。

人不得看见神的面，圣经提出警告，凡看见神的面必死无疑。我们依稀记得摩西登上了神的圣山时所提出来的要求。摩西是一位曾经目睹许多令人目瞪口呆之神迹的见证人，他曾经听见神在燃烧的荆棘中向他说话，他曾经亲眼看见尼罗河水变成了血，他尝过天上掉下来的吗哪的滋味，他眼睁睁地望着云柱和火柱，他曾经看见法老军队的马车被红海的浪潮吞没，然而他还是不满足。他得陇望蜀，他渴望登峰造极的属灵经历。他在山上恳求主："让我得见你的脸，让我瞻仰你的荣光。"神却拒绝了他的要求：

耶和华说："我要显我一切的恩慈，在你面前经过，宣告

17

我的名。我要恩待谁，就恩待谁；要怜悯谁，就怜悯谁。"又说："你不能看见我的面，因为人见我的面不能存活。"耶和华说："看哪，在我这里有地方，你要站在磐石上，我的荣耀经过的时候，我必将你放在磐石穴中，用我的手遮掩你，等我过去；然后我要将我的手收回，你就得见我的背，却不得见我的面。"（出33：19-23）

当神告诉摩西可以看见他的背部之时，按照字面意思也可以翻译成"后腿"。神准许摩西看他的后腿，却别奢望看见他的脸。摩西从西奈山下来的时候，他的面皮发光，众人都害怕极了，纷纷惊恐走避，不敢看他。摩西的脸光是那么的刺目耀眼，以至于他们根本无法正视他。所以摩西用帕子蒙住脸，好让众人能接近他。一个亲近神的人在脸上反射出神的荣光，能够带给人心有余悸的感受。它所反射的荣光来自于神的背，而非神脸上灿烂的荣光。倘若人们只因为看见了神背部的荣光就吓得心惊胆战，怎么可能有任何人敢站在他面前直视他圣洁的脸呢？

不过，每一位基督徒的终极目标，却是要朝见神的面，正是摩西被拒绝的那件事。我们想要面对面地看着神，我们想要沐浴在他圣容所发出的荣耀光芒之中，这是每一个犹太人的盼望，这个盼望寄托在以色列最著名、最受欢迎的祝祷之中：

> 愿耶和华赐福给你，保护你。
> 愿耶和华使他的脸光照你，赐恩给你。
> 愿耶和华向你仰脸，赐你平安。
>
> （民6：24-26）

这个盼望不仅仅成为以色列人具体的祝祷，它更远胜于基督徒的一种盼望，进而成为一种应许。约翰在《约翰一书》里告诉我们：

> 亲爱的弟兄啊，我们现在是神的儿女，将来如何，还未显明；但我们知道，主若显现，我们必要像他，因为必得见他的真体。（约壹3：2）

在这里我们看见了神的应许：我们必得见他的真体。神学家称这个未来的盼望为"福象"（Beatific Vision，即基督徒在天上得以亲睹上帝）。我们将看见神的真体，这意味着将来有一天我们可以与神面对面地相见。我们所看到的将不再是燃烧的荆棘中所反射出来的荣光，也不是云柱反射出来的荣光；我们将要看见神的真体，正是他皎洁神圣的本体。

现在我们不可能看见神圣洁的本体。我们必须先得着洁净，才有可能见到。耶稣在登山宝训中告诉我们，只有一群特定的人得着应许可以看见神的异象："清心的人有福了，因为他们必得见神。"（太5：8）这个世界上的人，没有一位算是清心的人。我们的污浊使我们不得见神——问题不在于我们的眼睛，而是我们的心出了毛病。只有当我们在天上得着了洁净，全然成圣之后，我们才有资格面对面地瞻仰他。

> 其上有撒拉弗侍立，各有六个翅膀：用两个翅膀遮脸，两个翅膀遮脚，两个翅膀飞翔。（赛6：2）

六翼天使撒拉弗并不是心地污浊的罪人，虽然他们具有天使的身份，但依旧是受造之物，虽然身为天体星辰的伙伴，地位崇高，但他们依旧必须遮住眼睛，不得直视神的脸。他们受造可畏而奇妙，造物主赋予他们一双特殊的翅膀，好让他们在他威严凛然的气势之下把脸遮起来。撒拉弗还有第二对翅膀，是用来遮脚的。这不是当成天使之靴来用的，既非用来保护脚掌，亦非便于在天上宫殿中行走。把脚遮住是别有用意的，其原因令我们联想到摩西所经历的燃烧的荆棘：

> 耶和华的使者从荆棘里火焰中向摩西显现。摩西观看，不料，荆棘被火烧着，却没有烧毁。摩西说："我要过去看这大异象，这荆棘为何没有烧坏呢？"耶和华神见他过去要看，就从荆棘里呼叫说："摩西！摩西！"他说："我在这里。"神说："不要近前来，当把你脚上的鞋脱下来，因为你所站之地是圣地。"（出3：2-5）

神吩咐摩西脱下鞋子。摩西所站之地是圣地，因为神降临其地，所以这块地变成圣洁的地方，摩西脱鞋之举表示他承认自己是从泥土而出，是属尘俗的。人的脚有时候叫做"泥脚丫子"，它象征着我们具有受造之物的性质，因为脚使我们和泥土接触在一起。撒拉弗并非由尘土而出，他们的脚不是以泥土制造的，他们如同天使一般，是属灵的活物。然而，他们依旧脱离不了受造之物的范围。因此以赛亚的异象提示我们一个概念，即他们也必须遮住脚，在崇高的神面前谦卑地承认他们的本质是受造之物。

> 彼此呼喊说："圣哉！圣哉！圣哉！万军之耶和华，他的荣光充满全地！"（赛6：3）

此时，以赛亚的异象达到了高潮，撒拉弗的这首诗歌，启示出这段经文中令人敬畏的寓意。整首歌只是重复着一句歌词——圣哉。这句歌词连续唱了三遍，也被传咏为教会中最庄严肃穆的圣歌。这首歌的曲名是《三呼圣哉》（trishagion），简言之即"加倍地强调圣洁"。我们很容易忽略"圣哉"这句话被重复歌颂的重要意义，在希伯来文学中，它代表一种特殊的文学体裁，在诗词中更为常见。重复是一种强调语气的笔法，在英文写作方面，我们可以任选几种修辞方式来强调某些事情的重要性。我们可以把重要的词句加注直线，或者采用斜体字，或用粗黑字体，我们也可以在那句话之后再加上一个惊叹号，或者用引号把这句话括起来。这些方法都是要吸引读者的注意力，告诉他们这句话是特别重要的。犹太人在旧约圣经中也采用许多不同的笔法来加强其重要性。我们看见耶稣重复地说："我实实在在地告诉你们！""实在"这两个字的重叠用法显明了耶稣的话具有极其迫切的重要性，就是古文的"阿们"。通常我们提到"阿们"，总是联想到人们在一个证道或是祷告结束时所说的那个词。它的意思简单地说，就是"以上全属信实可靠的"。耶稣却在一开始讲话时就说了这个词，而不是作为对一段话语的回应。在《创世记》第14章，我们看见一个十足幽默的重复笔法。这个故事叙述着四王和五王在西订谷争战一事，其中提到有些人掉进了该地的石漆坑中。有些译者称这些坑为柏油坑或者沥青坑，或者干脆称之为大坑。为什么有这么多混淆不清的译文呢？到底它们是些什么形状的坑呢？希伯来文描述得很含糊。原文圣经采用"坑"这个字来说它，然后就依样画葫芦地重复这个字了。这个故事忠实地依照原文提到一大堆坑。跌进坑中是一回事，但是万一你掉进了有陷阱的坑中，那麻烦就大了。圣经中有不少的情况是把某些事情反复提到第三级。而一连三次提及某些事情，就是要把它升格到最高级，强调其无比重要。例如，在《启示录》这一卷书之中，神借着空中的飞鹰详实地公布了他将施行的可怕审判。鹰大声地呼喊着说："你们住在地上的民，祸哉，祸哉，祸哉！"除此之外，从耶利米在耶和华殿门口对百姓的一番责备中也可以听到这种语气，他冷嘲热讽地数落百姓倚靠虚谎的话，只在口头上说："这些是耶和华的殿，是耶和华的殿，是耶和华的殿。"但是在圣经中，只有一次是把神的属性升格到第三级，也只有一次把神的属性一连提及三次。圣经上说神是"圣哉！圣哉！圣哉！"而并非只一次说他是圣哉而已，甚至也不是"圣哉！圣哉！"，而是"圣哉！圣哉！圣哉！"。圣经从未说神是"爱哉！爱哉！爱哉！"，也没说"仁圣！

仁哉！仁哉！"，不是"怒哉！怒哉！怒哉！"，也不是"义哉！义哉！义哉！"。圣经唯确切地说："圣哉！圣哉！圣哉！"。他的荣光充满全地。

> 因呼喊者的声音，门槛的根基震动，殿充满了烟云。
>
> （赛6：4）

最近一项对教会外界人士的调查结果显示，他们停止上教会的主要原因，是他们觉得去教会太枯燥乏味了，很难从崇拜中感受到令人振奋且深受激励的感觉。请注意，这节经文说，神在圣殿显现的时候，门和门槛的根基都震动了。那些毫无生命气息的门柱、门槛，那些不能听、不能说的木头、金属，它们在神的面前竟然都受到感应，因而震动起来。按照字面意思，是指它们被拨动了，它们立在原地颤抖着。

> 那时我说："祸哉！我灭亡了！因为我是嘴唇不洁的人，又住在嘴唇不洁的民中；又因我眼见大君王万军之耶和华。"（赛6：5）

震动的不仅只是圣殿的门，在这栋建筑物之内颤抖得最激烈的是以赛亚的身躯。当他看见永活的神、宇宙万物的主宰，以他全然圣洁的容貌出现在他眼前的时候，以赛亚哀号道："祸哉！我灭亡了！"现代人的耳朵对以赛亚的呐喊感到非常陌生，现今人们在言谈之中，几乎听不到"祸哉"这句话。

由于这句话的风格是那么的古老，不合时代潮流，许多现代译者宁可用其他的词句来代替它，这无疑是一个天大的错误，"祸哉"是一个非常重要的圣经词汇，我们岂可等闲视之，它含有极特殊的意义。提到"祸哉"，我们不禁联想到很久以前在五分钱门票的戏院中所放映的诙谐剧，其中不乏高潮迭起的坎坷剧情。《宝林历险记》（The Perils of Pauline）中有这样一个情节：女主角眼见心狠手辣的地主前来取消她的抵押品的赎回权，于是愤怒地绞着双手。此外，我们联想到米老鼠驾着云彩，前去解救被恶棍奥立根哈利绑在铁轨上的女朋友，她尖叫着："祸哉！"此外我们还联想到"阿摩斯与安迪剧场"中的情形，焦躁愁烦的实业巨子最爱咬文嚼字地卖弄一句话："安迪，我大祸临头了，我不知如何是好。""祸哉"一词，已经归并在其他一些老掉牙的惊叹语句之中。就像"呜呼哀哉"、"何苦来哉"等等。

现在只有犹太人的伊迪斯（Yiddish）语仍然沿用这些表达。现代的犹太人在遭遇挫折的时候，依然嗟叹道："唉呀呀！"（Oyvay!）它是"唉呀呀，我惨了！"（Oy vay ist mer）这个句子的简单口语用法。伊迪斯语中的"唉呀呀！"（Oyvay）就是"哇！有祸了！"，它是"祸哉！我灭亡了！"的简要表达方式。

以赛亚强烈的惊呼语气，与圣经背景中的特殊口吻大相径庭。先知们在宣告信息之初，最常采用的语气是"神谕"。神谕是宣告从神而来的吉言或凶讯。正面的神谕，其发端辞是"……有福了"。耶稣传讲登山宝训之时，他所用的语气正是神谕的形式："虚心的人有福了"、"哀恸的人有福了"、"饥渴慕义的人有福了"。当时听道的人都了解他正以先知说话的方式，带来吉祥的神谕。

耶稣也曾宣告负面的神谕。当他愤怒地公开指责法利赛人时，他颁布神的审判要落在他们身上，于是说："你们这假冒为善的文士和法利赛人有祸了！"由于他经常耳提面命地申诫他们，以至于这句话听起来就像祈祷文。

先知口中的"祸哉"这个词，是宣告一场劫难。圣经中有许多城市、许多国家和许多人都遭遇劫难，这些记载均为凶耗的神谕。以赛亚所宣告祸哉，其方式非比寻常，当他看见了主，他宣判自己遭遇了神的审判。他哀号着："祸哉！"向天呼求神的咒诅，让深恶痛绝的审判和劫难降临自己头上。

先知奉神的名咒诅别人是一回事，而先知为自己求咒诅却是另一回事。紧跟咒诅之后，以赛亚悲切地说："我灭亡了！"我比较喜欢早期所翻译的这一段话："因为我瓦解了！"从这里我们很容易地发现，为什么有愈来愈多的现代译本由"我瓦解了"取而代之为"我灭亡了"。今天没有人引用"瓦解了"这个字眼儿，然而它所蕴涵的意象比"灭亡了"更生动。"瓦解"就是指从接缝之处裂开、拆散。

以赛亚所表达的情绪正是现代心理学家所描述的崩溃之经历。崩溃的含义正如其字面所指，就是破散得不可收拾。收拾东西的意义就是掇拾支离破碎，进而合并成一个整体，犹如校际之间取消了种族隔离政策，使来自两个不同种族的儿童都能够在同一个学校上学。

"完整健全"这个词就是从"收拢"这个词衍生出来的，意思是一个人的生命是健全完美的。我们套句现代俚语，就是："他凡事都应付得了！"倘若当时有人堪称为"应付得了"的健全之人，他必然是亚摩斯的儿子以赛亚。他是一位身心健全、人生完美的骄子。当时的人公认他是全国之内最正直的人物，他荣获模范美德的雅誉，尔后，他突然一睹圣洁的庐山真面目。

刹那之间，他所有自我肯定的价值全粉碎了。当他袒露在绝对标准的圣洁之前，片刻之间，他成了赤裸裸的阶下囚。只要以赛亚还能和必朽的人类一较高低，他定能大言不惭地自视为人品清高的完人，然而一旦他和至高无上的标准互相比较之后，他就被击垮了，他的道德和灵命均被彻底摧毁了。他瓦解了，他破灭了，他自视为完美无疵的认同感也崩溃了。

以赛亚对于灭亡的顿悟和他的嘴扯上了关系。他凄切地说："因为我是嘴唇不洁的人。"怪哉，我们料想他必定会说"因为我素行不良"，或者说"因为我意念不纯"。不对，他竟然立刻针对着他的嘴巴。实际上他所说的是："我天生有一张污秽的嘴。"为什么以他的嘴为焦点呢？或许，当耶稣说"入口的不能污秽人，出口的乃能污秽人"之时，我们可以从他这番话中得知以赛亚言外之意的蛛丝马迹。此外，从耶稣的弟弟雅各关于舌头的论述中，我们也可以找到一点儿线索：

> 舌头就是火，在我们百体中，舌头是个罪恶的世界，能污秽全身，也能把生命的轮子点起来，并且是从地狱里点着的。各类的走兽、飞禽、昆虫、水族，本来都可以制伏，也已经被人制伏了；惟独舌头没有人能制伏，是不止息的恶物，满了害死人的毒气。我们用舌头颂赞那为主、为父的，又用舌头咒诅那照着神形象被造的人。颂赞和咒诅从一个口里出来，我的弟兄们，这是不应当的。泉源从一个眼里能发出甜苦两样的水吗？我的弟兄们，无花果树能生橄榄吗？葡萄树能结无花果吗？咸水里也不能发出甜水来。（雅3：6-12）

舌头是不止息的恶物，满了害死人的毒气，以赛亚所顿悟的正是这一点。他认清并不只有他处于这种进退维谷的困境中，举国上下都染上了嘴唇不洁的恶疾，所以他说："我……又住在嘴唇不洁的民中"。顷刻间，以赛亚恍然大悟，重新认识罪的本质。他看见罪不仅仅渗入他自己体内，也在其他每个人身上蔓延着。

就某一方面来看，我们是非常侥幸的；神并未以向以赛亚显现的方式出现在我们面前，否则有谁承受得起呢？通常神是以循序渐进的方式，把我们的罪性显示出来，使我们渐渐意识到自己的败坏，但神让以赛亚一下子就看见了自己所有的败坏，难怪他觉得要灭亡了。以赛亚做了一个解释："又因我眼见大君王万军之耶和华。"（赛6：5）他目睹了神的圣洁。这是以赛亚生平头一遭真正认识了神是谁，同时这也是以赛亚第一次认清自己是谁。

> 有一撒拉弗飞到我跟前，手里拿着红炭，是用火剪从坛上

25

取下来的，将炭沾我的口，说："看哪！这炭沾了你的嘴，你的罪孽便除掉，你的罪恶就赦免了。"（赛6：6-7）

以赛亚匍匐在地，他体内的每一根神经纤维都颤抖着。他千方百计地要找个地方躲起来，企图找个地洞钻进去，或者让圣殿的屋顶倾塌在他身上。无论如何，只要能救他脱离神圣洁的目光就行了。然而，竟无处容他藏身，四下只见他一人赤裸裸地站在神面前，没有夏娃令他稍获慰藉，也找不到无花果树的叶子遮体。他的内心苦不堪言，那种痛苦把他的灵魂撕成碎片。罪过，罪过，罪过，罪恶感每时每刻都在他浑身上下嘶喊着。

然而，圣洁的神同时也是慈爱的神。他并未容许他的仆人继续痛苦无助地在地上打滚，他立刻伸手洁净了这个人，使他的灵魂得着痊愈。他吩咐一位撒拉弗立刻采取行动，天使用一把火剪，从坛上炽灼的火焰中挟起一块火烫得连天使都不敢碰的红炭；然后飞向以赛亚，以白炽的热炭灼烫先知的嘴。嘴唇是人体肌肤中最敏感的部位之一，是亲吻的器官。此时以赛亚觉得这股圣洁的火焰正灼烧着他的嘴，一股灼烧肌肤的刺鼻异味扑面而来，然而灼烫的痛楚却远比这种异味更难以忍受。

这是一个意味深长的恩典，是一个痛苦至极的洁净动作，以赛亚的嘴唇遭受灼伤之时，他口中的污秽也同时烧尽，圣洁的火使他脱胎换骨、焕然一新。除了经过圣洁的净化作用，使以赛亚的嘴唇得着洁净之外，他还经历了更宝贵的饶恕。虽然他彻头彻尾地得着了洁净，也完完全全地得蒙饶恕，然而，他并未受免于伴随着悔悟而来的怆痛。他所得到的恩典并非一件廉价品，只要顺口一句"我很抱歉"便了结了。因此，正当他为自己的罪而哀恸悔恨、不胜忧伤之苦时，神差遣了一位天使来医治他，把他的罪除尽了，而且没有损及他的尊严。他所领悟到的罪疚感是建设性的，他所遭受的惩罚并不残酷也不是极刑。嘴唇上的肌肤被灼烧了一秒钟的工夫，却带来了持续至永远的疗效。只稍片刻工夫，这位精神崩溃的先知又恢复了心智的健全，他的嘴唇洗涤过了，使他有了崭新的生命。

> 我又听见主的声音说："我可以差遣谁呢？谁肯为我们去呢？"我说："我在这里，请差遣我！"（赛6：8）

以赛亚的异象至此进入了一个新的境界。到目前为止，他看见了神的荣耀，也听到了撒拉弗的颂赞，还尝到让红炭灼烧嘴唇的滋味，但此刻是他生平第一遭听见神的声音。忽然间，天使们都安静下来，唯独那个声音贯穿在圣殿中隆隆作响。那个声音在圣经其他地方的记载中所描述的是众水澎湃的声音，它在余音缭绕之中发出了扎心的询问："我可以差遣谁呢？谁肯为我们去呢？"

在这里，我们看见了一个历史中屡见不鲜的公式：神向人显现，人满怀惊惧地颤抖着，然后神赐下饶恕并伸手医治，差遣了那人。从崩溃到受差遣，这正是神拣选人的公式。神说："我可以'差遣'谁呢？"此时以赛亚能够体会"差遣"这个词的强迫意味。奉差遣的意思就是担当神的传令官，做神的代言人。在新约圣经中，"使徒"这个词的意思是"受差遣的人"。在圣经中，使徒类似先知。那时，神正要寻找一位志愿者，投入到孤寂而令人精疲力竭的先知工作。"我可以差遣谁呢？"让我们留意以赛亚的答复。他应声说："我在这里，请差遣我。"注意在"我在这里"和"我就是你要的人"这两种口吻之间有极关键性的差异。假若他所说的只是"我在这里"，那么他仅表明他所在的位置而已。但是他真正要表达的意思更胜于向神报告他的方位。他所说的真正涵义是："我就是你所要找的人。"

以赛亚这一番话正是他主动要求当一名志愿者，他的答复简明扼要："我去，不必再找别人。请你差遣我。"在以赛亚的答复中，有两件重要的事情值得我们留意：首先，他并不是童话中的那个不堪一击的蛋宝宝。在这一首童谣里面提到，蛋宝宝喜欢坐在墙上东张西望，一不小心摔了下来，就碎得稀烂，以致全国竟无人能帮助他恢复原状。以赛亚的脆弱和蛋宝宝比起来并不相上下，他的光景和任何一个蛋摔掉地上，砸成稀烂的情形一样。但是神重新建立他，使他成为完整的人。

神能够收容一个破碎的人，并且派遣他出任使命。他收留了罪恶重重的人，并且造就他成为先知。他接纳了嘴唇不洁的人，然后重用他为神的代言人。其次，我们看看第二件重要的功课。神赐予以赛亚的灵魂极大的恩典，却未因此抹煞了以赛亚的个性。当以赛亚说"我在这里"之时，他仍然能把"我"这个字挂在嘴上，他仍然是他自己，他仍然拥有自己的个性。这一点澄清了许多扭曲了的基督教教义，有些人宣称神总是设法击毁人们的自我。实际上神挽救了人们的自我。他医治好了人们的自我，使人符合那召他的使命。

以赛亚的人格经过了一番彻底的修正，并非完全被抹煞了。那位从圣殿走出的人，仍是亚摩斯的儿子以赛亚。他仍然是那副老样子，只是他的嘴唇洁净了。神职人员以其被呼召而为人所知。每一位传道人都免不了沾上假冒为善的嫌疑。事实上，一位传道人的信息愈忠实于神的话，他愈容易被人们称作虚假。为什么呢？因为一个人对神的话愈忠实，他所传讲之信息的要求也愈高。信息的要求越高，他越达不到要遵循的标准。

当我在各教会传讲关于神的圣洁这样的信息时，我内心常有退缩畏怯的念头。我可以料想，人们听了我所传讲圣洁的信息，就认为我这个人一定跟我所传讲的信息一样圣洁。在这时候，我不禁要欲哭无泪地说："祸哉！我灭亡了！"倘若我们认定一个讲圣洁这个主题的人，他必然是一位圣人，这是一件相当冒险的事。其实，我确信自己之所以迫切地渴望明了神的圣洁，正因为我并不圣洁，真是颇具讽刺意味。

我不过是一位凡夫俗子，我花在教堂外的时间远胜于留在教堂里面的时间。但是，正因为我约略浅尝了巍峨之尊，所以才欲罢不能。

正因我知道身为一位蒙饶恕之人的意义是什么，也知道奉差遣承担使命的责任何在，所以我的灵魂饥渴难挨，我的灵魂需求更多。让神的圣洁来触及我们的生命吧。

你已经学习并重新发现了神的圣洁，请回答以下问题。用一篇日记来记录你对神的圣洁的回应，或者和朋友讨论你的回应。

1. 你是否有过这样的经历：神的同在让你无法承受，就好像神的同在让你"崩溃"？

2. 神向以赛亚启示他的圣洁时，以赛亚的回应是："祸哉！我灭亡了！"如果你经历过类似的情况，你的回应是什么？

3. 你需要圣洁的火在哪方面来炼净你？

4. 本章所描述的神的圣洁，有哪方面会让你更深入地来敬拜他？

第三章

大哉奥秘

是什么？
在我心里隐约可见
击打着我却不带伤痕
我不禁战栗、兴奋交集
战栗，因为我与它相去甚远，形同陌路
兴奋，因为我和它欣然相遇，相见恨晚
——圣奥古斯丁（ST. AUGUSTINE）

到目前为止，我们进入了本书的第3章。然而，我还未能道出圣洁的来龙去脉。我倒是真希望尽量搁下这件工作，因为替圣洁下定义所牵扯到的困难真是繁多。圣洁的内涵包罗万象，对我们而言又如无字天书一般陌生，因此这件工作更显得毫无胜算，说圣洁是个无字天书里头的生词，真是无可厚非。但是，纵使我们被生词卡住了，我们总还有一线希望，相信一定有一本外国语言的字典可以为我们解围，提供明晰的翻译。我们面临的问题症结在于，无论如何，圣洁这个词在所有的语言中都是个生词，没有一本字典可以胜任这一件工作。我们要下定义的麻烦越发艰巨了，因为事实上，圣洁这个词在圣经中的用法是无奇不有、莫衷一是的。圣洁在圣经中有一种用法，在一定程度上和神的良善有密不可分的关系，提到圣洁，我们的说法向来不外乎"纯洁无瑕、完美无疵、无可诟病"。我们一听到"圣洁"这个词，大部分人会马上联想到"纯洁"这个词。圣经的的确确采用了这个词。但是在圣经中"纯洁"和"无懈可击的道德"这两种观念，充其量不过居"圣洁"一词的次要意义。撒拉弗在诗歌中所颂扬的神，自然不仅止于"纯哉、纯哉、纯哉。"圣洁的原始意义是"分别"。它源出于一个古代词汇，意思是指"切断"或者"隔离"。将其基本意义翻译成现代语言，可以参考"一刀两断"这个成语，或者用"超凡脱俗"这个成语可以表达得更贴切。当我们发现了抢眼、出色的外套或者其他商品时，我们往往形容为"超凡脱俗"。

神的圣洁的含义不仅仅是"切断"，它也是"超越"（Transcendence）。"超越"这个词的表面意思是指"登峰造极"，它的定义就是突破一般的极限。超越就是急起直追，扶摇直上，一直到某个极限之上。当我们论及神的超越性时，我们的立论点在于神是高居其上并且远超过我们的。我们所针对的重点在于他那无与伦比的伟大。这个词所描写的是神和这个世界的关系，他高高的在这个世界之上，他有绝对的能力来掌管这个世界，而这个世界却对他无可奈何。超越性所描绘的是神威震全寰的赫赫之尊，以及他崇高的气质。他挥划出不可丈量的距离，隔开了神和一切的受造之物，他正是一位出类拔萃者。圣经称呼神是圣洁的，其基本立意是指神乃超越的，他与我们迥然有别。他是那么超然地远在我们之上，以致我们觉得他异常陌生。要成为圣洁，就必须自创一格，有别于人，做个独特的"人"，"圣洁"这个词应用在世俗的事物上，其本意仍然一样。让我们仔细看看下列出现在圣经中，被视为圣洁的东西：

圣土（holy ground）	圣会（holy convocation）
圣安息日（holy Sabbath）	圣洁的国民（holy nation）
圣地（holy land）	圣膏油（holy anointing oil）
圣洁的细麻衣（holy linen coat）	圣禧年（holy jubilee）
圣所（holy house）	圣田（holy field）
十一奉献（holy tithe）	圣水（holy water）
圣香炉（holy censers）	圣约柜（holy ark）
圣饼（holy bread）	圣城（holy city）
圣洁的种子（holy seed）	圣言（holy word）
圣约（holy covenant）	圣者（holy ones）
圣所（holy place）	至圣所（holy of holies）

这里所囊括的并非全部，其用意只为向我们说明，圣洁这个词除了冠于神的名之外，也可以应用在其他各种各类的事物上。圣洁这个词用在各种情况中，所要表达的含义并非道德和伦理方面的品格。圣洁的东西是指分开、不与其他东西混杂。它们曾经分别为圣，与凡俗事物隔绝，专供主及他的事工而用。以上所列的每一件事物，其本身没有一件原本是圣洁的；为了要成为圣洁，必须先分别为圣，或者由神宣告为圣洁。唯有在神的触摸之下，平凡的才能变成独特的，进而与众不同，甚而出类拔萃。

让我们留意，旧约圣经尤其重视成圣之物，凡属成圣之物必然潜孕一种特质，是分别出来的，不再是不起眼的平凡工具，是严禁碰触的，是不供食用的，是不供普通用途的，是特殊的。纯洁是由何生起的呢？习惯上，我们往往把圣洁和纯洁混为一谈。不然，我们就认为圣洁和完美的伦理是同一个模子出来的。因此，只要我们一触及圣洁，这些意念马上就钻进了我们的思绪中。事物奉为圣洁、分别为圣之后，它们便晋升为纯洁的事物，负责纯洁的用途。它们不单单反映出纯洁的容貌，也自然流露出与众不同的特质。纯洁的观念不出于圣洁之外。圣洁满盖了纯洁的范围。我们务必谨记一个重要观念，就是纯洁无法囊括圣洁。凡圣洁者，必然也是纯洁的，并且有过之而无不及。圣洁者不单单是纯洁的，更是超凡绝俗、出类拔萃的。

当我们试着以圣洁这个字来描述神时，另一个问题又不期然而来。我们往往搜集了许许多多的性质、特征等等，试图来描述神的属性。我们常常说：神是个灵，他无所不知，他是慈爱的、公义的、有怜悯、有恩典等。于是有一种倾向渐渐出现，圣洁的观念也被我们列入了这一长串神的属性之中，它也被当成了神的一个属性。但是当圣洁和神相提并论时，它所阐明的不是一个特别的属性。事实上，神的圣洁涵盖了非常广泛的意义。圣洁等于是神的同义词，也就是说，我们务必注意：圣洁是百分之百神的本身。这一点提醒我们，神的爱是圣洁的爱，他的公义是圣洁的公义，他的怜悯是圣洁的怜悯，他的知识是圣洁的知识，他的灵是圣灵。

刚才我们看到"圣洁"一词着重于强调神的超越性，其含义是指他高居世界之上，远胜于这个世界。我们也看到神有能力"亲临"人间，把某些事物分别为圣，使它们成为圣洁。平凡的事物在他的触摸之下，突然间就变得不同凡响。我们再一次说到，这世界上的任何事物，没有一件本身是圣洁的。唯独神能叫某些东西成为圣洁，唯独神有能力使事物分别为圣。有些事物并非圣洁的，若我们执意称为圣洁，我们就犯了拜偶像的罪。我们若把应当归于神的尊崇、敬畏、礼拜和赞美，转而献给了平庸之辈，我们就犯下了偶像崇拜这个最严重的错误。所谓拜偶像，就是崇拜受造之物，而非敬拜造物之主。

在上古，从事雕刻偶像业是一件利润相当优沃的投资。有些偶像是木头刻成的，也有石器打造成的，还有的是以昂贵的金属镕铸而成的。偶像雕刻家到市场选购上等的木材，回到工作房之后便开始埋首苦干。他日以继夜地工作着，用他得心应手的工具，使偶像的外观约略成形。一旦大功告成，他便打扫干净工作房的地板，仔细地把工具收藏在橱柜里头；然后他屈膝而跪，对着刚刚雕好的偶像，开始喃喃倾诉。想想看，和一块既聋又哑的木头或石器细语低诉，会是什么模样？那个家伙根本不可能听见人所倾吐的话。它无法给予答复，也无济于事，因为"泥菩萨过江，自身难保"。它不能听、不能开口，甚至虚有其表、毫无能耐。然而，世人竟认为这些物品拥有神通广大的能力，并且膜拜它们。

有些敬拜偶像的人更是花招百出，他们并不膜拜石像或图腾柱，而是崇拜太阳、月亮，甚至于一种抽象虚幻的观念。然而太阳依旧是受造之物，月亮本身并未具有任何超越性或者圣洁的本质，这些物体都是自然景观之一，它们全都是受造之物。或许它们是那么引人注目、蔚为壮观，但是它们仍未超越受造之物的范围。它们本身都毫无圣洁可言。凡俗不洁的事物被称呼成圣洁的，这也是犯了拜偶像的罪例。务必牢记在心，只有神有能力分别为圣（当牧师主持婚礼、宣告为圣或者举行擘饼圣餐时，大家都了解，他只是证实神早已分别为圣的真理。这个例子是人类经过授权后而行使的分别为圣之礼）。若是一个人千方百计地要使神未曾分别为圣的事物分别为圣时，他所行的绝对无法真的成为分别为圣之礼。它只构成了亵渎的行为，是拜偶像的举动。

早在本世纪初期，一位德国学者以突破性而意趣盎然的方式来研究圣洁。此人就是鲁道夫·奥托（Rudolf Otto）。奥托尝试以科学方式来研究圣洁，他调查了来自各种文化背景和不同国家的人，分析他们面临着公认为圣洁的事物时，会产生什么行为。他深入探讨人们面临圣洁的事物时，会油然而生什么样的情感。奥托所发现的第一个要点，是人们在描述圣洁时，往往绞尽了脑汁却仍不知所云。奥托注意到，尽管人们可以提及某些事物来具体描述圣洁，但是总会出现一个关键要点，就是人们穷其三寸不烂之舌，仍无法形容出来。其实，并非这个关键要点不合乎理性，而是它远超乎我们的理性，远在我们心思意念的极限之外。人们对于圣洁总难免遇到在经验之外的事情，令我们无法绘声绘色地描述出来。这正是奥托所谓的"外加性"（Plus）。外加性正是人们对于圣洁的经验，而人们往往设法表达这部分的经验。这是属灵事物的关键，是无法适切描述的。奥托制造了一个描述圣洁的词汇。他称之为"大哉奥秘"（mysterium tremendum）。以浅显的词句来解释这个用辞，就是"可敬可畏的奥秘"。以下引述奥托的话：

> "有时候圣洁给人的感觉，就像迎面而来的一阵温柔浪潮，使心底洋溢着恬静的柔情和深奥的崇敬。灵魂经过冲刷之后，涨溢着一股沉稳而恒久的心态，它依然不休不止，激动地振荡着，回声绕耳，直到最后完全消逝殆尽。灵魂恢复了每一天俗而不带宗教色彩的心境。圣洁给人的感觉，也可能从灵魂深处乍然迸泄，夹带着一波又一波的激潮，或者涌向许多奇异的兴奋，流向得意忘形的狂乱、满溢强烈的情绪，进而归向出神醉心的境界。它的外貌粗犷如魑魅，这种感觉也可以沉陷在惊魂摄魄的恐惧之中。它的前期既残暴又野蛮，早期便萌露原形，继续发展之下，它便再次成为某种美丽、纯洁而容光焕发的形象。就像受造之物面临着什么人物或者什么东西，屏气凝神，满怀谦恭之情，无声无息地颤栗着。所面临的，正是一种不可捉摸、难以言喻并且远超乎受造之物的奥秘。"[1]

因为圣洁激发我们的畏惧之情，所以奥托便提出了"大哉"（tremendum）——可敬可畏——一词。圣洁令我们战战兢兢，不寒而栗。我们可用"寒气逼人"或"毛骨悚然"等词句来形容。我们也联想到黑人灵歌所唱的："曾否在耶稣钉十架之地？"这首歌重复地吟哦着："有

---

[1]　Rudolf Otto,《圣洁面面观》（The Idea of the Holy; Oxford: Oxford University Press, 1950），12-13.

时令我的心甚战兢………战兢……战兢……"我们往往对圣洁产生错综复杂的感情。其中有一种感觉是，我们在受到圣洁的感召和吸引时，却被圣洁摒弃于外。有某种特质驱使我们接近圣洁，然而此刻我们却想逃之夭夭。就像鱼与熊掌，我们着实无法抉择。我们当中的有些人对圣洁的寻求如饥似渴，也有些人对圣洁却是弃之如敝屣，我们既不能与圣洁共存亡，没有了圣洁我们也了无生趣。

我们对圣洁持有的态度，类似于我们对鬼怪和恐怖电影的情绪。孩子们吵着父母给他们讲鬼故事，等到自己吓坏了，又赶紧拜托父母别讲下去。我最不喜欢陪我太太去看恐怖电影。在看那一类片子之前——或者我应该更正为，在根本没看那一类片子之前——她爱极了恐怖电影。每一次去看恐怖片，我们都重复地玩着老把戏。刚开始，她先紧张地掐着我的手臂，指尖深深地陷在我的肌肤内，只有当她放开我的手臂，用双手蒙住眼睛不看时，我才能松一口气。然后她离开座位，跑到电影院后头，背靠着一面水泥墙，开始了她的下一步花招。她站在那里，为了要确保绝不会有怪物从她身后窜出来抓住她。到了最后关头，她干脆跑出放映厅，躲藏在电影院的走廊上，以资护庇。尽管如此，她还是告诉我，她对那一类的电影意犹未尽。

或许电影界可以提供最清晰的例证，来解释我们对圣洁错综复杂的情绪，以及伴随而来的种种怪异现象。在电视机问世之前，一般家庭最奢侈的娱乐是收听收音机广播节目。广播公司每一天都给我们制作可供欣赏的连续广播剧。杜兹先生制作了《柏金斯母亲大人》。其他公司制作了《俏妞儿们的礼拜天》、《王老五之家》、《布蓝特医生》、《史黛拉·达拉斯》、《老实的比尔》、《波提阿奋斗史》、《贵夫人玛丽，幕后灵人物》、《劳伦兹琼斯和妻子贝尔》等等诸多节目。

晚间节目多半以武打和冒险内容居多，像《孤独游侠》、《超人》、《来自田纳西的杰德》、《哈波·哈利根》等等。我最爱听悬疑神秘的节目，像《扫黑小组》、《寻人专家，老金》、《拉保险的钱宁》、《黑影》和《大悬疑》。

恐怖节目中的典型剧情，总是以令人毛骨悚然的"咯吱"开门声开始。那声音听起来就像手指甲尖划过黑板一样。在我的脑中便出现了一幕情形：一扇打开了的门，里面是一个古旧、散发着霉味的地窖。紧跟着刺耳的开门声，传来了宏亮的声音，说："内堂圣府！""内堂圣府"这几个字有什么好怕的地方呢？这些字有什么意思呢？简单地说，"内堂圣府"就是"进入圣所"。没有一件事比进入至圣所更令人胆颤心惊了。此刻，当我们被引入"大哉奥秘"之内，我们也开始惊惶颤抖了。拉丁文的"俨然之尊"（Sugustus）这个字，包含了圣洁之神的奥秘性格。

早期的基督徒称呼凯撒大帝时，颇费周章。对于基督徒而言，人类之中绝无人配得"俨然之尊"这个头衔。唯独神配称为俨然之尊者。要合乎俨然之尊，必须具备威风凛凛、巍巍荡荡的威仪。追根究底，只有神是可敬可畏的。奥托从研究人们对于圣洁身历其境的经验中发现，当人类亲自体验圣洁时，他明显感受到一种大彻大悟，强烈地意识到自己不过是受造之物。也就是说，一旦我们能领略神与我们同在，我们对自己是受造物的本质最有自知之明。当我们遇见了"十全十美"者，我们立刻知道自己是不完美的。当我们遇见了"无穷无尽"者，我们便敏感地察觉自己是何等有限。当我们遇见了永恒，我们便发现自己是匆匆的过客。与神相遇可以让我们好好研究"对比"这一门学问。我们和与众不同者对比之下，其间的差异令人目瞪口呆。此时我们不禁忆起先知耶利米，还有他向神埋怨的话：

> 耶和华啊，你曾劝导我，我也听了你劝导，你比我有力量，且胜了我。（耶20：7）

这段话的口气乍听之下，耶利米似乎正为严重的口吃所苦。通常圣洁的措辞精简，其语言具有点到为止的力量。耶利米的这一番话却打破常规，他煞费周章地陈明一些不证自明的事。他说："你曾劝导我，我也听了你的劝导。"后面这一段话简直是冗词。耶利米理所当然听了神的劝导。假如神曾经劝导了他，他哪有能耐不接受神的劝导呢？假如神力胜过他，他岂能不甘拜下风呢？但是，或许耶利米只是想证实神是否完全了解他所陈诉的怨状。或许他采用希伯来文学重复的笔法，来强调他的重点。耶利米听了神的劝导也臣服于神。当他面临神呼风唤雨的大能时，他觉得自己软弱无助得要瘫痪了。此刻，耶利米豁然顿悟自己受造的本质。

让人点破自己不过是受造之物，这并不是一件令人乐于接受的事。我们很难从心头抹掉撒旦试探始祖的那一段话："你们便如神"（创3：5）。撒旦这一句蛊惑人心的谎言，却是我们恨不得能相信的谎言。假如我们必要像神，我们也能永存不朽、毫无过失并且所向无敌。我们也可以具备许多神奇异能，是我们此生所未曾或者不能拥有的。死亡往往令我们噤声却步。我们看见别人一命呜呼，就警惕自己是终必腐朽的凡人，迟早死亡也会召见我们，这是我们下意识里最想摒除的念头。

当我们突然得知别人的讣闻，这提醒我们在无从测知的将来也必须面对这事实，于是我们感到浑身不安。死亡提醒了我们自己不过是受造之物，尽管死亡令人心有余悸，但是比起与圣洁的神面对的那一刻，就显得微不足道了。当我们遇见了神，自己那百分之百的受造本质便彻底显露在我们眼前，粉碎了我们深信不疑的神话——以为我们是半神半人，是长生不老的第二等神祇。因为我们是终必腐朽的受造物，于是我们饱受了各种恐惧感的压迫。

我们多忧多虑，面临着罹患恐惧症的危机。有些人怕猫，有的人怕蛇，也不乏惧怕拥挤场所和恐高的人。这些恐惧感蚕食着我们的心灵，扰乱了我们内心的平安。还有一种特别的恐惧症，而我们众人均为之所苦，这个病名叫"怕生"。"怕生"是指对于陌生人、外国人、任何生疏的事物和来自异地的奇物所产生的恐惧感（有时候是一种嫌恶感）。神成了我们众所公认怕生的对象，我们是彻底的陌生人，他是彻底的外国人，神是圣洁的，我们则不是。我们惧怕神，因为他是圣洁的。而我们的惧怕并不是出于圣洁的、当敬畏耶和华的敬畏。

我们的惧怕如同奴隶所怀有的恐慌，是出于畏怯之情的惧怕。在我们看来，神伟大得无可比拟，他诚然令我们肃然起敬。他对我们的要求太大了，他是一位莫测高深的陌生人，侵犯了我们的安全感。在他面前，我们都不禁胆颤心惊，浑身发抖。当我们单独与神相遇时，或许就是我们人生中呕心沥血的悲怆曲。

▨ 让神的圣洁来触及我们的生命

你已经学习并重新发现了神的圣洁，请回答以下问题。用一篇日记来记录你对神的圣洁的回应，或者和朋友讨论你的回应。

1. 神在哪些方面对你来说是个奇妙可畏的奥秘？

2. 神的神秘性会使你感到安慰，还是感到畏惧？

3. 在你领会了神的圣洁的奥秘之后，你学到了什么？

4. 在将来的一周中，你将怎样因着神圣洁的奥秘来敬拜他？

第四章

圣洁悲怆曲

圣经一贯相承，历历诠释着，
大凡圣贤们目睹神向他们显现之时……
莫不如遭霹雳、魂不守舍
于是惶恐惊愕之心油然而生，
若非和神的尊荣一般高低，
世人永远无法有一番彻底的顿悟
了解自己的虚渺与微不足道。

——约翰·加尔文

一个漆黑的暴风雨之夜。为了给我的故事酝酿一段富有古典气氛的开场白，我煞费苦心地想了好久。有一些文艺界的朋友把这一段开场白滥用为俱乐部的名称，而首创了"漆黑暴风雨之夜俱乐部"。他们每年从书报杂志和期刊论文中，选出内文的第一段下笔最差劲者予以奖励。或许当马可着手写作《马可福音》时，"漆黑暴风雨之夜俱乐部"早已经成立了。让我们仔细研究他叙述耶稣平静风浪时，是以什么笔法开始的："当那天晚上，耶稣对门徒说：'我们渡到那边去吧！'"（可4：35）。那时耶稣和门徒在加利利，那地方有一个大湖，名叫加利利海。之前，耶稣曾教导聚在湖边的群众们。这个水系堪称大自然的壮丽景观之一。这个湖位于一个四面环山的盆地中。湖中的清水是巴勒斯坦荒原地带重要的生命资源。

门徒们都是世世代代的渔夫，他们对这个湖了如指掌，是经验丰富的老手。他们对这个湖的漩流、变化和宜人的景致均一清二楚。加利利海好似一位迷人贵妇，是那么喜怒无常，难以捉摸。在这个区域的每一位水手，莫不受人警告要留心这个水系的变幻莫测。由于这个湖的地势特殊，正位于地中海和沙漠之间的山岳区域，因此受尽了大自然凌厉爪牙的肆虐。湖面上往往横生阵阵狂飙，宛如由漏斗中窜出强风。片刻之间，整个宁静的湖面云诡波谲、阴风怒号。

今天在巴勒斯坦，即使设备新颖精良，还是有许多人不肯在加利利海中航行，深恐葬身于她凶戾的怒爪之下。有两个特点是门徒们得天独厚的：一则他们是经验老到的内行人；再者，他们有主相随同行。因此耶稣提议夜航时，他们个个面不改色、毫不惊惧。他们备妥了船，等着渡海。后来，海上起了一阵狂啸；湖上佳人大发雌威："忽然起了暴风，波浪打入船内，甚至船要满了水。"（可4：37）令每一位加利利渔夫闻之变色的事发生了。谁也没料到竟然会沦为这场暴风雨的阶下囚。万一被海浪卷走了，即使是最健壮的游泳好手也难以逃生。

他们使尽了全力紧紧地抓着舷缘，以至于指关节都发白了。他们所乘的只不过是简陋的渔船，并非坚挺的纵帆式帆船，也不是豪华的远洋客轮。船只要稍稍倾斜，让巨浪击中了吃水线以上的舷侧，就可以置他们于死地。他们奋不顾身地与大海搏斗着，尽力控制船首，让它继续破浪前进。或许在这个关头，水手们才开口做了平生第一次祷告："喔！主啊！你所造的大海真是广阔无际，而我的船却如此渺小。"耶稣在船尾沉睡。

我曾有过类似的经验。那时我所搭乘的飞机遇上了暴风雨，突然从高空落下，就像石头从万丈高空猛然下坠一般，使我至今余悸犹存。我听见乘客们的惊呼声，也看到空中小姐们仓皇失措。此时坐在我邻座的先生却安然入梦，如同天真无虞的婴孩。我真想抓起那位老兄，摇醒他说："怎么搞的？你难道一点儿也不害怕吗？"圣经上说耶稣枕着枕头睡着了——大家心中都充满恐慌时，耶稣却安详地熟睡着。门徒们为此感到愤愤不平，这种情绪乃是在惊恐和愤怒交加的情况下产生的，于是他们去叫醒耶稣。我不知道他们认为他将如何处理当时的情况。

经文的内容清清楚楚地告诉我们，他们确实未料到耶稣后来所行的事。他们被无助的情势所逼，呼天不应、唤地不灵。眼见波涛汹涌，其势危急至极。至于耶稣会怎么做，他们也一无所知。门徒的反应与常人无异——当人们身陷危机、大难临头时，他们会立刻向领导人物求援并听命于他。领袖的职责所在，就是要披荆斩棘，即使无计可施，也必须想出下一步来。门徒叫醒了他，说："夫子，我们丧命，你不顾吗？"（可4：38）门徒所提出的质疑，并不是一个真正的问题，而是一个控诉。

他们真正的意思是说："我们快要淹死了，而你却根本不在乎。"他们控诉神的儿子竟毫无怜悯的心肠，这种愤怒的攻击正是历代人们对待神的一贯作风。而每一天，神都必须不厌其烦地倾听忘恩负义之辈的埋怨。天堂不断地遭受愤怒的世人再三的警告，人们责怪神"没有爱心"、"残忍"及"冷漠无情"，仿佛他向我们所施的怜悯，表现得还不够。经文中并没有任何蛛丝马迹显示耶稣答复了门徒的质疑，他直接以行动取代了任何言语的回答。他把他的话留给了大海和风浪：

> 耶稣醒了，斥责风，向海说："住了吧！静了吧！"风就止住，大大地平静了。耶稣对他们说："为什么胆怯？你们还没有信心吗？"（可4：39-40）

耶稣的一生是一道由神迹奇事捻燃的光芒，由于他所行的神迹太多了，我们就轻忽地视其稀松平常、不足珍惜。虽然我们能看懂这段故事，然后一页接一页地速读下去，我们的心却无动于衷。在这里，我们看见了耶稣所行的神迹中最令人慑服的一个；我们听闻了门徒们毕生难忘的事件，在他们的心目中，这件神迹也令他们瑟缩不已。耶稣凭着他所发出来的声音，降服了大自然狂暴的力量。他并未开口祷告，也没有拯救他们脱离这场风暴，他直截了当地对付了这个局面。他吩咐了一道命令，一道神圣的谕令，而大自然马上就服从了他的谕令。风听得出创造主的声音，海能够辨识主的使命，就立即停止了呼啸；于是四下波澜不兴、一片寂静。海面也平静得如同一面玻璃，不见一丝波纹。让我们留意门徒们的反应。海面上风平浪静了，此刻门徒却仍然忐忑不安：

> 他们就大大地惧怕，彼此说："这到底是谁，连风和海也听从他了？"（可4：41）

此时，我们眼前呈现出一幅怪异的图案。门徒们畏惧狂风大浪的心态并不值得大惊小怪，然而当危险的关头过去了，他们的恐惧感似乎也应当像暴风雨一样，来得快、去得也快，但事实并非如此。现在风平浪静，为何门徒的恐惧感却有增无减？这件事叫我们从何说起呢？大名鼎鼎的现代心理学之父弗洛伊德，曾经提倡一种理论，认为人基于畏惧大自然的心理，发明了宗教。人在地震、洪水泛滥或者遭逢疾病肆虐时，往往会感到束手无策，因此，弗洛伊德认为人类发明了一位神祇，他具有控制地震、洪水和疾病的能力。这个神是人格化的，我们可以跟他倾心吐意，可以跟他撒娇、讨价还价。我们不能和洪水磋商权宜之计，也不懂得怎么和癌症打交道。因此，这个理论演绎出一个结果：我们发明了神祇来处理这些令人触目惊心的事情。

这个圣经故事所阐释的要义是，当暴风雨加给他们的威胁削平之后，门徒们的恐惧感反而剧增了。虽然暴风雨令他们胆颤心惊，然而耶稣平静风浪的举动却令他们惴栗难安。他们看见基督的权柄比大自然的力量更令人慑服，他们眼前这一位是神圣的。我们不禁感到好奇，究竟弗洛伊德对这些现象的解释是什么？人类为什么要发明一位神祇，他的圣洁比起他们原先要他控制的大自然更可怕？倘若人们发明了一位可以带给他们慰藉、却不是神圣的神，这是我们所能领会的。但我们却不明白，为什么人们要发明一位比地震、洪水和疾病还要凄厉的神呢？陷溺为洪水的牺牲品或者沦为癌症爪下的掳掠物只是其次，要紧的是落入活生生的神手中，事情就非同小可了。

当耶稣平静了狂风怒吼的大海之后，门徒们所说的一番话，相当富有启发性。他们惊声尖叫："这到底是谁？连风和海也听从他了？"他们的疑问在于："这到底是谁？"他们所质疑的是"性质"的问题。他们正急于为耶稣的身份归类，究竟在他们所熟悉的典型中，他属于哪一类！假如我们能把世人分门别类，我们立刻就晓得该如何应对他们。对敌视我们的人和对友善的朋友，我们的态度是截然不同的。对知识分子和对泛泛之交，我们也会采取不同的态度。但门徒们对耶稣的人格却毫无把握，遂无法适当地为他归类。他并不归属于我们所分派的任何角色，他自成一格——他单独树立了一个门风。

门徒们从未接触过这一号人物，他一点儿也不像他们所交往的任何人。他独具一格，是一位道地的异邦人。从前，他们曾经看过各色各样的人——身材高大的、矮小的，肥胖的、瘦弱的，生性聪颖过人的以及冥顽不灵的。他们曾经接触过希腊人、罗马人、叙利亚人、埃及人、撒玛利亚人以及他们的犹太同胞，但是他们从未目睹一位圣人，就是一位能够斥责风浪并且令它们全部听命于他的人。耶稣能够在狂风大作的海上酣然入睡，真令人稀奇。然而，这件事并非天下奇闻。我又想起了和我搭乘同一班飞机的那位乘客，就是当我吓得魂飞魄散时，却安然高枕的那一位先生。或许在大祸临头时，依然能够呼呼大睡的人并不多见，但是这也并非史无前例的奇事。这位飞机上的朋友真令我难以忘怀，虽然他并没有被惊醒，也没有高声阻止窗外肆虐的风，不过要是他当时真有此事，我想我早就要跳降落伞，逃之夭夭了。耶稣却不一样，他具有令人肃然起敬的非凡特性，他是全然神秘的陌生客，他令人惶惶难安。

基督平静风浪的这一段叙述，我们可从耶稣一生的传道事工里找到一个相似的记载。路加所描写的背景是在革尼撒勒湖边，这个在加利利群山环抱之下的庞大水系，似乎常令犹太人争议，不知道该如何为她命名。革尼撒勒湖和别处经文中所称的加利利海，其实是同一个水系：

> 耶稣站在革尼撒勒湖边，众人拥挤他，要听神的道。他见有两只船湾在湖边，打鱼的人却离开船洗网去了。有一只船是西门的。耶稣就上去，请他把船撑开，稍微离岸，就坐下，从船上教训众人。讲完了，对西门说："把船开到水深之处，下网打鱼。"西门说："夫子，我们整夜劳力，并没有打着什么。但依从你的话，我就下网。"他们下了网，就圈住许多鱼，网险些裂开，便招呼那只船上的同伴来帮助。他们就来，把鱼装满了两只船，甚至船要沉下去。（路5：1-7）

如果说耶稣曾经令门徒面露难色的话，那么，这就是唯一的一次了。当时西门彼得疲惫不堪，彻夜未眠，而此趟出海作业又毫无所获，更令他沮丧不已。这次捕鱼真是出师不利，这怎不令一位以打鱼为业的渔夫心情恶劣呢？他除了疲惫与颓丧之外，还必须应付那些大清早就跑来听耶稣讲道的大批群众，他们不断地在他身边挨肩擦背，使他的心灵添上了更重的负荷。当耶稣结束了训勉之后，西门打算回家去好好睡一觉。而耶稣竟然要出海打鱼，他甚至异想天开，打算把网撒在水深之处。

我们无需运用太多的想象力，就可以从西门的这一番话中领略他讥讽的口吻。"夫子，我们整夜劳力，并没有打着什么，但依从你的话，我就下网。"倘若西门真心敬仰耶稣的智慧，他早就在这种情况之下说："好，我下网。"然而，他觉得有必要吐露他泄气的遭遇，他的话仿佛是说："耶稣，你看看你自己，你真是一位了不起的老师啊！你的训诲赢得大家的景仰，没有一位神学家比你还伟大。论及宗教方面的事，我们对你甘拜下风，但是，拜托你，给我们留点面子吧！我们是渔夫出身的，打鱼是我们赖以维生的饭碗，我们已经出海打了一个晚上的鱼，却毫无所获——挂零了。既然鱼儿们不出来玩了，还是让我们回家去睡一觉吧！待稍晚些，我们再来试试运气好了。不过，要是你坚持要下网，我们也会照你的话下网的。"

我仿佛看见西门彼得和安得烈彼此心照不宣地使了个眼色，他们一面扬起刚刚洗干净的网撒在海里，一面低声嘀咕着粗话。那时候他们心中一定想着："传道人都该死！他们都是一丘之貉。他们自以为无事不知、无事不晓。"我们都知道这故事的结果，彼得刚刚把网撒在耶稣告诉他的位置，刹时之间，似乎加利利海中的每一条鱼都跃进了鱼网里头。鱼儿们好像正在举行一场比赛，看看哪一只最先跳进去。"最后跳进去的是烂鳗鱼！"网中的鱼太多，网线被撑得紧紧的，网儿快要破了。等到其他的门徒驾着船赶到现场帮忙时，他们的船仍然装不下那些鱼。两艘船都塞着满满的鱼，因此都快要沉入海中了。

这一次是渔夫们一次破天荒的捕鱼经验。当时彼得的反应如何呢？如果是你，你会作何反应呢？要是换成了我，我知道我会怎么做。我会当场掏出一份合约书，我一定会要求耶稣每个月来这海港一次，每次只要露面五分钟就好了，我想我一定会拥有历史上最赚钱的捕鱼事业。但彼得却根本不把事业和利润摆在心中，当鱼多得差一点儿把网撑裂之时，彼得的眼中却看不到半条鱼，他所看到的只有耶稣而已。让我们听听他说些什么：

> 西门彼得看见，就俯伏在耶稣膝前，说："主啊，离开我，我是个罪人！"（路5：8）

那时彼得立即顿悟，他眼前这一位是造成肉身的圣者。他不由得惴惴不安，他的基本反应类似于一种崇拜，他屈膝跪在耶稣面前，并没有说："主啊！我歌颂你，我尊你为大。"反而说："请你离开我，拜托你走开，我受不了。"耶稣一生的故事，其实就是记载大批群众，个个争先恐后地要靠近耶稣的种种事件。有瞎子呼喊着说："可怜我吧！"有患血漏病的妇人，伸出手来摸了耶稣的衣裳䍁子，有钉在十字架上的强盗，挣扎着聆听耶稣临终时所说的话。有人们说："求你来接近我，看看我，摸摸我。"彼得却不同，他与众不同之处，在于他要求耶稣离开他，让他能够喘一口气，不要管他。

为什么呢？我们没有必要在字里行间旁敲侧击，因为经文本身清清楚楚地说明了彼得要求耶稣走开的原因："我是个罪人！"有罪的人站在圣洁者的面前，岂能够逍遥自在呢！他们总是与臭味相投的人为友；换一种说法就是"一丘之貉"。窃贼决不会和警察为友，罪恶决不与纯洁同行。我们注意到，耶稣并不一一数落彼得的罪状，他没有一句责备，没有一声批判，自始至终耶稣只在教导彼得怎么下网捕鱼而已。圣洁之尊一旦出现，一切的陈述都是多余的。彼得获得了一个不可或缺的教训，因为全然的正直和纯洁所汇成的卓越标准，在他的眼前闪闪发光，他就像前面所提的以赛亚，也崩溃了。

历史上有一件怪事，就是拿撒勒人耶稣纵使在未信主的外邦人之间，也享有历久不衰的美誉。不信主的人也未见有恶意中伤耶稣之辈，那些公然敌对教会、鄙视基督徒的人，却往往对耶稣大加赞赏。连宣布上帝死了的尼采，当他论及耶稣时，还尊他为英雄榜中的楷模。尼采的晚年是在疯人院中度过的，他在信中的签名是"钉在十字架上的主敬笔"，可见他已精神错乱了。耶稣的完美人格，是这个世界最有力的证据。即使萧伯纳在批判耶稣的时候，也无法举出一个比耶稣更高尚的人。在论及耶稣时，他说："他的言行举止有时并不像基督徒"。其实萧伯纳的论点是自相矛盾的。一些不认为耶稣具有神性或者不认为耶稣就是救赎主的人，当他们以道德崇高为标准时，莫不赞扬耶稣这个人。他们也会像当年本丢彼拉多说："看哪，我也曾将你们告他的事在你们面前审问他，并没有查出他什么罪来"（路23：14）。

根据现代人对耶稣的赞誉来看，我们很难了解：为什么耶稣那个世代的人竟然要置他于死地？为什么群众声嘶力竭地要求流他的血？为什么法利赛人如此憎恶他？为什么这个地上的最高宗教法庭，要判这位既善良又正直的同胞死刑？要了解这些奥秘，我们可以在今日的巴勒斯坦找到答案。前往耶路撒冷的朝圣者，莫不为这个令人景仰的壮观古城所震慑。入夜时分，一道一道的古城墙在耳型灯光的辉映之下，更平添了这座圣城的神秘感。

倘若从橄榄山出发，穿越汲沦谷，再沿着蜿蜒的古道走进圣城，就可以看见在靠近原圣殿尖顶的东墙旁边那一条马路上，矗立着"众先知冢"的纪念碑。这个纪念碑已有好几个世纪的历史，甚至可远溯自基督降世的时间。在琳琅满目的浮雕中，有许多位旧约的先知塑像，就好像美国的拉希摩山的迷你犹太翻版。在耶稣那时代，旧约的先知备受尊崇，他们是万古流芳的伟大民族英雄。然而他们生前却受尽了仇恨、轻蔑、排斥、鄙视、迫害，甚至遭当时人的杀害。司提反是第一位殉道的基督徒，只因为他提醒他面前的听众，让他们看见自己的双手沾满了血腥，于是他被那一群愤怒的暴民杀害了。

> 你们这硬着颈项、心与耳未受割礼的人，常时抗拒圣
> 灵；你们的祖宗怎样，你们也怎样。哪一个先知不是你们祖宗
> 逼迫呢？他们也把预先传说那义者要来的人杀了。如今你们又
> 把那义者卖了、杀了。你们受了天使所传的律法，竟不遵守。
> （徒7：51－53）

司提反这一番动人肺腑的话，本应使听他传道的人心如刀割一般，进而接受引导而悔改认罪，然而结果却出乎意料：

> 众人听见这话，就极其恼怒，向司提反咬牙切齿……众人
> 大声喊叫，捂着耳朵，齐心拥上前去，把他推到城外，用石头
> 打他。（徒7：54－58）

人人都钦佩高尚的道德，但是他们只顾彼此间保持井水不犯河水的情况就好。今天犹太人就置身事外来凭吊古时的众先知，而这个世代的人也以置身事外的态度来纪念基督。彼得一心一意要与耶稣携手并肩，但当耶稣和他近距离接触时，他却不禁呐喊："离开我！"

几年前，《彼得原理》（*The Peter Principle*）一书跃居最佳畅销书的榜首，从此，那本书里头的基本论点变成了商业界的一个公理：人们总倾向于尝试自己不能胜任的事。彼得原理和门徒西门彼得是风马牛不相及的，但它说明了为什么彼得在耶稣面前是一副胆颤心惊的模样。彼得原理包括了"胜任的资格"和"能力欠缺"两种问题，根据商业界升迁奖励的研究，产生了一个公理：人人都有克服其不能胜任之事的倾向。

一个人表现得很出色，他便获得升迁，可以爬升至某一个等级。他在商场上平步青云也止于这个巅峰，到达了这个巅峰后，他便江郎才尽，再无惊人的表现了。当他表现得平凡无奇时，便不再有升迁的

机会，一辈子就注定要消磨在那一个高于他本身能力的巅峰程度。至于那些怀才不遇的人，就成为他自己和公司的悲剧。并非每一个人的仕途都涵盖在彼得原理的理论范围之内。

作者豪尔在书中提到，有两种类型的人并不在彼得原理的桎梏之下。这两类人就是超级低劣者和超级优胜者。超级低劣的人因为本身无才无能，所以没有机会获得提拔，来达到他力所不能胜任的程度，他因为低劣的能力，在组织中很快就会遭到淘汰。另一类不受彼得原理桎梏的人，才是真正的讽刺，究竟超级优胜者是如何身居首位呢？其实，他并未身居要职。豪尔认为，超级优胜者在试图跨越升级阶梯时之所以困难重重，是因为对于他们的顶头上司而言，他所代表的是后劲十足的实力派。他的上司对他心存戒备，深恐他会抢了自己的金饭碗。他就像一个如影随形、一触即发的危机，使既尊贵又有权势的顶头上司陷于岌岌可危的地步。

超级优胜者若能功成名就，绝对不是靠着苦干而慢慢抬头，而是凭着跳槽的功夫，从一个机构跳槽至另一个职位更高的机构，他每换一个地方，职位就愈来愈高。我们往往会把豪尔的理论当作是一派愤世嫉俗的论调，所以不愿轻易认同。我们可以举出数不尽的实际例子：有些人在公司中会一跃而为首脑人物，也有不少一级的执行主管从公司的打杂小弟干起的。此时豪尔会回答你说，这些戏剧化的小霍雷肖·阿尔杰①的故事，只是少数不符合这个原理的例外罢了。无论真正的统计结果为何，事实上，许许多多情况中，超级优胜者无可否认地遭到了冻结的待遇，因为他威胁了他的顶头上司，所以会长期埋没在较低的阶层。

并非每一个人都羡慕功成名就，我想起了我所执教的大学中一位四年级的学生，她是我所教过的学生中最优秀的一位女同学，她的成绩相当突出。在她四年级的时候，她的一次考试令我大吃一惊；当

---

① 小霍雷肖·阿尔杰（Horatio Alger Jr., 1832-1899年），美国儿童小说作家。作品有130部左右，大都是讲穷孩子如何通过勤奋和诚实获得财富和社会成功，塑造了许多白手起家走向成功的杰出的人物形象。

我批改她的试卷时，发觉她竟错得一塌糊涂。由于她这一次错得太离谱，和她平时的水平差得太远，所以我知道其中一定大有文章。我打电话请她来我的办公室见面，问她究竟出了什么差错。她的眼泪立刻像断线的珍珠一般，她哽咽着告诉我，她故意搞砸了这一次考试。经我追问原因，她才告诉我，离毕业的日子愈近，她就愈担心自己恐怕永远嫁不出去了。她说："没有一个男孩子想跟我约会，他们都认为我只是个爱动脑筋的聪明人，没有感情。"她哭诉自己的孤寂心路，以及她在校园中被摒弃于各种社交圈子之外的感受，她觉得自己就像被放逐的浪人一样。

这位女同学触犯了不见容于社会的罪，她打破了常态。我知道按平时成绩核定成绩的意义，这样的计分方法对同学和教师都有利。我记得在我还是学生的时候，自己考试搞砸了，走出教室时那种恶劣的心情。我记得，当老师宣布那次考试将按平时成绩来给分数时，那些话听起来简直比音乐还悦耳。如此一来，假如我实际考得的分数是六十分，但是经过平时成绩的平均，我的成绩可以从D升高为C。要是考差的同学人数大增，那么我还有可能升高为B。这种方式往往使我在大家都考得惨兮兮的时候，却保持稳胜不败的优胜。

然而，每次考试总会出现一匹黑马。当大家都只考得二十分或三十分的时候，毋庸置疑地证明了这个考试有欠公平，按情理讲，老师势必按照平时成绩来给分数，这时却偏偏冒出了一位天才，就像令人头疼的程咬金一般，他竟然能考一百分。我从来不记得班上同学会全体起立，为他的成绩欢呼，因为没有人喜欢这位破坏常态的人，每个人都被他害得灰头土脸。耶稣基督正是破坏常态的人，他挟排山倒海之势粉碎了常态，他是一位顶尖的超级优胜者。他赢了那些为社会遗弃的流浪汉一致的爱戴，因为他关心他们的生命。但是那些居高位、掌大权的人，却丝毫容纳不下基督。有一派犹太人士，他们自称是耶稣的死对头，他们正是法利赛人。

我们若为法利赛人在历史上寻根，可以发现他们发迹于旧约末期和新约初期，这个党派是由一群狂热于律法的犹太人所发起的，法利赛人的意思就是与人有别。法利赛人把自己分别为圣，以追求圣洁为他们一生的主要大事，他们主修的课程是圣洁。若看见圣人出现在街头时，他们会把帽子抛向空中高声欢呼。由于法利赛人致力于追求圣洁，他们享有敬虔和公义之誉，举世无人能和他们媲美，他们名副其实地吻合了世人所加给他们的赞美。筵席中，人们恭请他们坐上位；人们推崇他们为宗教专家；他们的衣服镶有代表崇高阶级的穗子；在许多公共场合，大家可以看见他们流露的优美举止。他们在众目睽睽之下公开禁食；他们无论是在街头巷尾或是餐馆中，都会严肃地低头祷告。当法利赛人慷慨施舍给乞丐的时候，钱掉进钵中的叮当声可以传到每一个人的耳中，他们的圣洁是显而易见的。

然而，耶稣指责他们是假冒为善的人。耶稣以先知的口吻，向他们宣告了凶兆的神谕："你们这假冒为善的文士和法利赛人有祸了。因为你们走遍洋海陆地，勾引一个人入教，既入了教，却使他作地狱之子，比你们还加倍。"耶稣对法利赛人的指责是非常严厉的。他列举出好几件事情来探讨：

> 文士和法利赛人坐在摩西的位上，凡他们所吩咐你们的，你们都要谨守遵行；但不要效法他们的行为，因为他们能说不能行。他们把难担的重担捆起来，搁在人的肩上，但自己一个指头也不肯动。他们一切所作的事都是要叫人看见，所以将佩戴的经文做宽了，衣裳的繸子做长了；喜爱筵席上的首座，会堂里的高位；又喜爱人在街市上问他安，称呼他拉比。（太23：2-7）

这些对法利赛人的描述，绝无言过其实之处。他们的圣洁中没有真诚的美感可言，他们喜爱炫耀和卖弄外在的繁文缛节，他们的圣洁是个幌子。假冒为善的人所扮演的是公义的角色：

你们这假冒为善的文士和法利赛人有祸了！因为你们洗净
杯盘的外面，里面却盛满了勒索和放荡。你们这瞎眼的法利赛
人，先洗净杯盘的里面，好叫外面也干净了。你们这假冒为善
的文士和法利赛人有祸了！因为你们好像粉饰的坟墓，外面好
看，里面却装满了死人的骨头和一切的污秽。你们也是如此，
在人前、外面显出公义来，里面却装满了假善和不法的事。
（太23：25-28）

　　耶稣所作的比喻相当惹人注意，法利赛人在他的描绘之下，仅
仅只是外头干净的杯子。请在你脑海中勾画一幅在餐厅中的情景，侍
者在你面前摆上一只光洁的杯子，但是杯子里面所盛的却是昨天剩下
的咖啡残渣，这会令你倒尽胃口的，而法利赛人侍奉神的态度正是如
此。粉饰的坟墓中所埋葬的恐怖真相，是断体残肢和腐烂的尸肉，法
利赛人在遮人眼目的外表仪文之下，所隐藏的正是他们败坏的灵魂。
让我们花几分钟来思想耶稣称呼法利赛人的几个别号："你们这些蛇
类！""你们这些毒蛇之种啊！""你们这些瞎眼领路的！""你们
这地狱之子！""你们这无知瞎眼的！"这种口吻的描绘，令人很难
视之为恭维之辞。耶稣从不吝惜于贬责、抨击这些人。他的话中含有
特殊的锋芒，却绝不是尖刻的无理取闹。这些话比起他平常的言谈，
却大异其趣。他对待罪人或谴责罪人，态度一向都极其温和。他的语
气温柔，即使对那犯奸淫被抓的妇人和那在井旁的妇人，也可听得出
他的话是那么凝重。

　　耶稣似乎只会严厉地批评那些专事神学论的大男孩，他既无冀于
他们金钱上的小惠，也不以金钱拉拢他们。或许我们会为法利赛人的
立场起争执，认为他们之所以憎恶耶稣，是因为耶稣特别挑剔他们。
没有人愿意受人批评，尤其是那些惯于受人赞扬的人，法利赛人的
坏心眼儿还不仅于此，我们可以大胆地假设，倘若耶稣对他们不予置

评，他们还是会鄙视耶稣的；其实，他只要稍稍一露面，就足以令他们抱头鼠窜了。俗语说：谎言站在真理面前，不攻自破；真金不怕火炼。未受专业训练的人或许会被逼真的伪钞所蒙骗，每一位持用伪钞的人，最担心有人拿一张真钞摆在他的赝品旁边，借以检验。

耶稣的出现，正代表他站在许多赝品之中是唯一的真货。在这里我们看到真实的圣洁出现了，于是伪装的圣洁便悻悻地拉长了脸。撒都该人也同样给耶稣找麻烦。他们属于当时最崇高的祭司阶级，沿用旧约圣经中祭司撒督之名，而撒督这个名字则取之于犹太文中"正直"这个字。倘若法利赛人以圣洁之辈自居，那么撒督该人就是以正直之辈自夸了。随着耶稣的出现，他们所谓的正直便蒙上了一层不正不直的阴影，他们的常态也被耶稣破坏了。法利赛人和撒督该人对耶稣的憎恨起初也只是有点气恼而已，但渐渐地凝成了一股闷烧的怒火，最后爆发成非置他于死地不可的大怒。简单地说，他们就是无法接纳他。在加利利海上，门徒们忙于为耶稣的身份归类，他们对自己的疑问无从作答："这到底是谁？"法利赛人和撒督人对这个问题早已成竹在胸，他们为耶稣立了许多分门别类的名目：他是"亵渎的人"，他是"魔鬼"，他势必要被逐出境。凡是超级优胜的人，都应该被消灭掉。

如今，道成肉身的基督已不复在地球上周游传道了，他已经升天，当今的人们没有看过他，也没有人可以借着言语和他交谈。但他的圣洁仍然留给我们一股威胁的势力，这股余威有时候也转移到他的子民身上。正如同犹太人在西奈山脚下，因着摩西脸上所发出来的耀眼光芒，怆惶逃逸，今天的世人也因着基督徒出现在他们中间，遂感到局促不安。

在我求学的过程中，所遇到最艰难的几件大事之一是苦读荷兰文。当我远赴荷兰进修时，往往被该国语言轻快的声调搞得丈二和尚摸不着头脑，我简直没有办法咬准它的元音，这个语言比各种稀奇古怪的俚语更复杂。后来，当我自以为对这个语言十拿九稳时，却往往听到一种令我如坠五里雾中的词汇。

这种词汇是我在阿姆斯特丹一位朋友家的宴会上听到的。正当大家兴高采烈地谈天说地时，突然话题中断，大家被这个出乎意料的僵局搞得万分尴尬，一时无言以对。为了打破僵局，我的一位荷兰籍朋友开口冒出了一句话："Er gaat een Domine voorbij." 我反问他："你刚才说了些什么？"他把这个怪里怪气的句子重复说给我听，其实我懂得每一个字的意思，但把它们凑在一块儿，我就瞧不出什么名堂了。为了要打破这个尴尬的僵局，他便引用了俚语说："牧师走近了！"我要求伙伴们再为我解释一遍，他们遂说明，这是荷兰的一种传统说法，每当一个妙趣横生的话题面临尴尬的沉默威胁时，这一句话就可以派上用场了。

说"牧师走近了"这话，其实是为这一阵突如其来的沉默找一个台阶。这句话的意思是：除了教士，再也找不到其他人能破坏聚会的欢乐气氛了。牧师一露面，就把所有的兴致一扫而光，人们再也笑不出来了。他们也不再兴致勃勃地谈天说地，只能局促地保持沉默。能够说明这种沉默的唯一原因，就是由于牧师走了。我在高尔夫球场上，也频频经历这种尴尬的现象。当我和素昧平生的人编为同组时，我们之间很默契，一切都进行得相当顺利，但是当他们问起我的职业之后，情况就不一样了。他们一旦清楚我是个神职人员，整个气氛就僵住了。他们开始站得远远的跟我说话，与我保持距离，就好像他们突然发现我身染恶疾，唯恐我会传染给他们似的。他们一开口说话，就纷纷觉得不妥，赶紧连声为刚才的失言道歉："真抱歉，我刚才竟然冒冒失失地胡乱咒骂别人，我真的不知道你是一位牧师啊。"言下之意似乎是说：牧师们以前一定没听说过这种话。或者说，他万万没料到，他竟会吐出这种字眼儿来。

以赛亚自惭其嘴唇不洁净的心结，今天仍然在我们中间滋长着。圣经上说，"恶人虽无人追赶也逃跑。"[①]路德以另一种话来描述：

---

① 《箴言》28章1节。

"树叶窸窣作响的声音，也会把鸽子吓得瑟瑟发抖。"这种由于神职人员出现而导致人心惶惶不安的情形，可以追溯到教会对于基督的认同开始。这种怪异的现象，却对世人有深远的影响。

几年以前，有一位排行第一的职业高尔夫球选手，应邀和当时的美国总统福特先生、杰克·尼克劳斯（Jack Nicklaus）以及葛培理一起玩四人的双打。这位高尔夫球选手特别担心要和福特及葛培理一起玩球（在此之前，他经常和尼克劳斯打高尔夫球）。打完了一局高尔夫球，有一位职业高尔夫球选手跑到这位高尔夫球选手面前，问他："嘿！你觉得和总统以及葛培理一起玩球的滋味如何？"这位职业选手牢骚满腹，并且以一种嫌恶的口吻说："我才不需要葛培理猛向我灌输宗教这玩意儿。"他丢下这句话之后，就愤愤地掉头走开，回到高尔夫球练习球座那里去了。他的朋友跟着这位职业选手到了练习座。这位职业选手抽出球杆，气呼呼地挥杆击球。他的脖子因激动而涨红，连他的两耳都好像气得冒烟。他的朋友一言不发地静坐在板凳上看着他打球。过了一些时候，这位职业选手的怒气消了，便走过来挨着朋友身旁坐了下来。朋友悄声说："刚才在那边打球的时候，比利（葛培理）对你不客气吗？"这位职业选手有些不好意思地说："其实也没有，他根本没提起什么宗教信仰，只是我刚才的球运糟透了。"

令人惊讶吧！葛培理根本没开口说上帝、耶稣或者宗教信仰，但是这位职业选手竟然在球赛后气得转身走开，并且归罪于葛培理，怪他猛向他灌输宗教信仰。这叫我们该从何说起呢？其实并不难。葛培理根本无需开口，他甚至不用侧过头来瞧他一眼，这位职业选手自然而然会感到浑身不自在。葛培理和宗教信仰是密不可分的，他涉猎太多有关于神的事情，因此，仅仅他的出现，就足以令那些无人追赶也要逃跑的恶人几乎窒息了。路德说的一点儿也不错，树叶窸窣作响的声音，也会把鸽子吓得瑟瑟发抖。他觉得天堂猎犬追逼着他，似乎掐住了他的脖子，使他不能呼吸。即使只是一位并不完全成圣的人出现，就会令他觉得被许多圣徒团团簇拥着。

　　这位职业高尔夫球选手对葛培理所产生的反应，正如同当年彼得对耶稣的反应一般。"离开我，我是个罪人。"他们两位在圣者的面前，都产生了锥心之痛。圣洁激起了人们憎恨之心，一位圣人愈伟大，人们对他的敌意也愈深，这种举动真是近乎丧心病狂。世上没有一个人能像耶稣基督一样满有慈爱，然而，他的慈爱竟然惹发了人们的怒火。他的慈爱是一种完全的爱，一种超越的、圣洁的爱。但是，他的慈爱正是给人们带来悲怆的主因。这种慈爱太高贵了，是我们无法承受的。美国文学中有一个众所皆知的故事，是关于一种具有摧毁力的爱。那种爱是一种荒谬的爱，一种深得令被爱者遭受压迫的爱。有一些研习约翰·斯坦贝克（John Steinbeck）作品的学生，提出了他们的看法；他们认为在《人鼠之间》（*Of Mice and Men*）这本书中，作者笔下著名的人物雷尼就是象征基督的人物。

　　雷尼是一位象征基督的人物吗？这种想法触犯了许多基督徒。雷尼是一位身材魁梧而生性粗蛮的哑巴，他是一个凶手。像这样的人物，怎么可以是象征基督的人物呢？《人鼠之间》这个故事是关于两位移民的工人——雷尼和乔治。他们东飘西荡在各个村落之间，做过各行各业的差事，心中梦想着有一天他们会拥有一个属于自己的农场。斯坦贝克这样描述他们：

> 他们俩身着棉布工作裤和镶着铜质纽扣的工作装，都有一身黝黑的肌肤，头上顶着破烂的帽子，肩上扛着扎得紧绷的毛毯铺盖。第一个长得矮小精干，黑漆漆的脸庞上双眼滴溜溜地转个不停，五官轮廓明显而刚毅。他的身材特征非常明显，两只手粗短而厚实，瘦弱的双臂，尖挺多骨的鼻梁。跟在他后头走的那个人，长得跟他完全相反。他身材魁梧，长相平平，一双眼睛大而呆滞，肩膀宽厚而削垂；他的脚步沉重，好像是一只熊拖着脚掌走路似的。他的双臂并未随着步伐挥舞，而是松垮地垂在身旁。

让我们注意一下这两个人物之间的明显对比。乔治的轮廓清晰，雷尼却平凡无奇。这位大个子雷尼的身上散发着一股不可思议的特质，他走路的模样像一只熊，但是他怀有一颗天真无邪的赤子之心。雷尼是个智能不足的成年男子，离开了乔治，便失去了生存的能力，乔治必须照顾他，以最浅白的话来和他沟通。雷尼有一个怪异的嗜好，他喜爱毛茸茸的小动物——像老鼠、小白兔等等。他梦想着有一天，乔治能够弄到一个他们的农场，那么他就要饲养一些属于他自己的小白兔和老鼠。但是雷尼有一个缺点，他并不了解自己的力量究竟有多大。当他捡到一只田鼠或者小白兔，他便一心一意要好好爱它们，向它们倾注所有的爱。但是，这些毛茸茸的小生命怎能体会呢？它们反而吓坏了，拼命地想要挣脱雷尼的掌握。雷尼只好紧紧地捏住它们，使它们能稳稳地待在他的怀抱中，接受他的爱。这无意中却弄死了它们，它们的生命毁灭在他那双厚重之手的掐捏之中。

由于雷尼把全副心思都摆在那些毛茸茸的小生命身上，往往惹得乔治大为生气。当他发现雷尼的夹克口袋中装着一只死老鼠，而雷尼载着它到处兜风时，他不禁怒火冲天，这种事真令人作呕。但是，乔治对待雷尼如同自己的儿子，对他爱护备至，因此也以极大的耐心宽容了这些瑕疵。这本书最精彩的地方，是在雷尼发现只有他和一位工头的妻子独处：

　　柯雷的太太冲着他一笑，说："你真是个没有用的东西。不过，你还算是个好人，看起来像个大娃娃，人人都可以把你的本相看透了。当我在整理头发的时候，我只要用手轻轻地拢一拢，头发就变得服服帖帖了。"她为了做一次给雷尼看，便用手指头从头顶顺着头发溜滑下来。她洋洋自得地说："有些人天生就是一头乱发，就像柯雷的头发，他的头发长得像铁丝一样粗。但是，你看我的头发，它又细又软，那是因为我经常梳头发，这么做可以让头发更柔细。摸这里——摸这里看看，你觉得怎么样？"

她抓起雷尼的手摆在自己头上。"你顺着我的头发往下摸，就可以晓得它们有多么柔软了。"雷尼粗大的指头伸进了她的发丝中，要拢一拢她的头发。她说："别把我的头发搞乱了。"雷尼说："哇！摸起来真好。"于是他梳拢得更起劲了。"哇！摸起来真好。"她生气起来，大声喊着说："你给我小心一点，你把我的头发搞得一团糟。现在你马上放开手，你会把我的头发弄乱的。"她焦急地把头往旁边闪躲，然而雷尼的指头把她的头发缠得更紧了，无论如何都不肯松手。她哭叫起来："放开手，你放开我！"雷尼被搞得惊慌失措，他的脸扭曲了起来。

后来，她又尖叫起来，雷尼便伸出另外一双手捂住她的嘴巴和鼻子。他哀求她说："拜托你不要这样子，拜托你不要大声喊叫，乔治听到了会生气啊。"她在他的手掌下拼命地挣扎，她用脚猛踢稻草。她把身躯扭缩起来，企图要逃脱，并从雷尼的手掌下传出一声闷闷的尖叫。于是雷尼害怕得哭喊起来，他乞求她说："喔！拜托你千万不要这样，乔治一定会怪我胡闹。这样他就会禁止我养兔子了。"他的手指头稍微放松了一点儿，她便沙哑地哭出声音来。

雷尼发脾气了，他说："现在你不能再哭了，我不准你乱喊乱叫。乔治早就告诉我，你会给我找麻烦的，现在你真的给我惹麻烦了；现在不要再叫了。"她还是不停地挣扎，吓得眼睛瞪得好大。然后他开始摇晃她的身体，对她发脾气，他说："叫你不要再喊了。"他又抓着她狠狠地摇晃着；然后她的身躯像鱼一般跌落在地上，从此以后她便静静地一动也不动，因为她的脖子被雷尼折断了。

雷尼把老鼠弄死，又把人杀了，这虽然是两件不同的事，但是这一次他的怪癖表现得太离谱了。乔治带着雷尼逃到乡村去，躲避自卫队的捕拿。他们来到莎琳娜丝河畔一个碧绿的深水池旁，坐下来休息，又开始谈起话来。雷尼等着乔治的责骂，怪他做了这么一件傻事。后来雷尼要求乔治再描述一遍那块他们未来将拥有的农场。

雷尼说："告诉我，我们的农场是什么样子。"乔治一直注意倾听着这边传来的嘈杂声，过了一会儿，他的表情变得很认真。"雷尼，你看看对岸的水池边，让我仔细说给你听，你差不多就可以看见它是什么模样了。"雷尼转过头来，极目望向水池的对岸，再往上瞧着黑漆漆的加比冷斯山坡。乔治开始叙述："我们要买一块小小的地。"

当雷尼沉溺在幻想的世界中，眼睛盯着远方那一块他日夜盼望的农场时，乔治从口袋里掏出一把德制的手枪。雷尼凝视着他想象中的小白兔、小公鸡，似乎看见它们在自己眼前奔跑着、舞蹈着。当自卫队渐渐接近时，乔治瞄准了目标，扣动扳机。自卫队的首领史林第一个赶到现场。

他赶过去，低下头来看看着雷尼，然后回头看看乔治，缓缓地说："刚好射中他的后脑。"史林直接走到乔治面前，在他身边坐下来，紧紧地挨着他。史林说："别放在心上。时势往往逼得人不得不这么做。"

"时势往往逼得人不得不这么做"，有时候具有破坏性的人物必须走上死路，因为人们无法容忍那些伤害他人的特殊分子。别把雷尼的事放在心上，尽管在他这些摧毁性的行为背后，是一股像孩童一般天真无邪的爱的力量。他的爱并非出于一种不可告人的动机，也没有勾引诱惑的企图。他的爱是纯洁的，他的爱太真挚了，以致毁灭了抗拒这份爱的人。

乔治别无选择，他知道雷尼无法在这个世界上生存，雷尼只有死路一条，因为雷尼令他所碰触到的每一个人、每一件事物都受到伤害。基督的处境也是一样。这个世界可以接纳耶稣，世人也可以爱戴他，但是务必保持一段距离。假如基督和我们相隔着遥远的时间和空间的距离，那他在我们当中一定安稳无虞，绝不会受到伤害。但是，一位和我们生活息息相关的基督，却因世人的敌意而无法在地上图得方寸之地。正如同大祭司该亚法议论那个时代所说的，为了国家百姓的益处，耶稣必须被处死。有时候时势真逼得人不得不这么做。

▨ 让神的圣洁来触及我们的生命

你已经学习并重新发现了神的圣洁，请回答以下问题。用一篇日记来记录你对神的圣洁的回应，或者和朋友讨论你的回应。

1. 你对神的圣洁的认识和彼得一样吗？你想逃避神的圣洁吗？

2. 你是否也有在神的圣洁中经历悲怆的经历？

3. 描述一下你被神的圣洁安慰的时刻。

4. 神的圣洁的哪个方面是你在过去一个星期最能感觉到的？

第五章

一代狂人马丁·路德

让我们把神应得的归还他吧！

——马丁·路德（MARTIN LUTHER）

假如我们专心思考神的圣洁，结果可能会把自己缠在一堆乱麻中。马丁·路德正是这种典型的人，他的心灵因着对神的属性认识得太深，以致愁苦不堪。导致路德人格异常的其中一部分原因，就是源于他对于神的研究。这是一个决定性的因素，但他的人格因此而相得益彰了吗？还是因此而扭曲了呢？他遇见神的经历，使他的灵魂得以熬炼得更纯洁了吗？还是因而变得神经兮兮的呢？"专心爱神？有时候，我反而对他恨得咬牙切齿。"这句叫人听起来觉得相当不对劲的话，竟然出自这位人人敬重、人人尊为宗教信仰之泰斗的马丁·路德。事实上确实是他口中之言，他是以狂妄之辞而震惊舆论的人。例如："有时候在我看来，基督就像是一位凶神恶煞的判官，手里握着一柄剑，冲着我而来。"

路德真的疯了吗？回答这个问题之前，我们要先审察一下路德生平中一些特殊的言行。从这些蛛丝马迹里，可以知道人们为何称他为疯狂之徒。要描绘路德，首先我们得从他屡次大发雄威及他的言论来着手。他一向称呼那些批评他的人为卑鄙的狗，每当他风闻那些批评他的人对他采取的行动时，他就会说："那一群疯狗又开始乱咬人了"。有时候他说的话非常低俗，还夹杂着鄙俗论调。让我们看看下面的例子，这是路德答复伊拉斯谟的谩骂时所说的话：

> 对我而言，要我从百忙之中挪出时间答复你的谬论，简直是浪费时间，我早已一遍又一遍地驳斥了你的谬论，并且在菲利普·墨兰顿所著关于神学教义的那一本并无创见的书中，也鄙弃过你的谬论。依照我的看法，这本书的价值，不仅仅可以和坊间的书籍般流传一世，甚至还有资格取代教会法规，相较之下，你的著作就显得难登大雅之堂了。我不得不为你掬一把同情泪，我讶异如此低劣的文章竟出自你的笔下，这简直污蔑了你那睿智的流利谈吐。我认为这么做是一件神人共愤的事情，但你竟然以伶牙俐齿为掩饰，发表了这种品味低俗的文章。这就像用金

碟银碗来盛剩菜和人体的排泄物一般。"①

在马尔堡的一个重要会议中，路德暴躁的脾气暴露无遗。这是提倡新教的诸位领袖人物共商大计的集会，以谋求平息大家对于祷文的分歧意见。正在讨论激烈之时，路德以头重击桌子，一遍又一遍地念着："这是我的身体，这是我身体"（Hoc est corpus meumm, hoc est corpus meum）。这一连串滑稽的动作，就像是赫鲁晓夫（Nikita Khrushchchev）在联合国气得当场把鞋子摔在地上一样，造成了轰动一时的大新闻。有时候，路德的脾气的确暴躁得不可言喻。他擅长夸大其辞，他用来作为人身攻击和骂人是卑鄙的狗的种种言辞，往往非常尖锐刻薄。这些惹人争议的传言，虽然导致人们怀疑他究竟是否称得上正人君子，却不免吻合了"疯狂之徒"的恶名。

除了路德典型的言谈之外，这个人还有不胜枚举的奇闻轶事。他的举手投足更是怪得令人称奇，他深受一种多因素的恐惧症折磨。我记得有一个老少皆知的故事：路德冒着风雨在外头赶路，忽然一阵闪电，从空中劈下一个大雷，距路德只有毫厘之差，使他冷不防地被击倒在地。罗兰·班顿（Roland Bainton）是一位伟大的教会历史学家，也是路德传记的作者，他讲述了这段故事：

　　1505年7月，有一天气候闷热，在史托顿轩的撒克森村外一条路上，有一位外乡人在被太阳烤焦了的村道上步履蹒跚地走着。他是一位年轻的男子，个子矮小，但是体格结实，身上穿着大学制服。当他快要走到村庄的时候，天色忽然变得阴沉沉的，突然间大雨倾盆，紧跟着又刮起了暴风雨。一道闪电横扫过那一片灰暗的天际，应声劈下雷电，把那个人击倒在地。他挣扎着要爬起来，心中不禁惊骇得大声呼求："圣安妮，救我！我愿意当修道士。"这个人在这种情景之下，向一位圣徒

① 马丁·路德著《意志的捆绑》（The Bondage of the will）J.I.Packer 和 O. R. Johnson 翻译 (Old Tappan, NJ: Revell, 1970), 63.

呼求，而他是后来鄙弃崇拜圣徒的风云人物。他曾经立誓要当修道士，但他后来却宣布要脱离修道生活。他是大公教会的贵族弟子，后来他却彻底摧毁了中世纪的大公天主教。他原是教皇的忠心义仆，后来却一口咬定教皇就是敌基督。这个年轻男子就是马丁·路德。"[1]

在这次惊险的奇遇之后不久，路德立即履行了他的誓言。路德辍了学，不再攻读法律，转而投身修道院，令他的父亲大失所望，懊悔不已。

一种怪异的恐惧感一直萦绕着路德，他担心神圣的审判和刑罚会使他暴毙。路德患有胃部的各种疾痛，终生未愈，还患一种疼痛异常的肾结石病。在他的文稿中，他不只一次预言自己大限近了。他曾经数次断然肯定，只差几天或者几个礼拜他就会入土为安了。那次雷电经历在路德的心中留下了深刻的烙印，令他终生难忘。

闪电并不会令每个人都联想到死亡。几年以前，在西部高尔夫公开赛期间，有三位职业高尔夫球选手在芝加哥附近被雷击倒在地。三人之中的李·特维诺（Lee Trevino）因此伤及后背，这次意外事件无情地剥夺了他未来事业的发展。有一个电视访问节目邀请他在屏幕上谈一谈那一次事件，主持人向特维诺提出一个问题："您对这个亲身的经历有什么感触呢？"

特维诺穿着一身典型的"快乐墨西哥"流行服饰，他回答说："我深深地觉得，假如全能者要让球局流畅进行，你最好不要不识相地挡住他的去路。"然后他又补上一句："早知道，我就应该在暴风雨的时候，赶紧找一根1号铁杆[2]来顶在头上。"

主持人被他要得迷迷糊糊的，一时不能领会他的言外之意，也猜不透他说话的重点，于是便追问："为什么要来那一招呢？"

---

① Roland Bainton, *Here I Stand*（Nashville: Abingdon, 1950）,15
② 高尔夫球具一般有 14 支球杆，3-4 支木杆头（用于远距离挥杆）、9-10 支铁杆头（用于各种较短距离的挥杆），还有 1 支推杆（用于果岭推球进洞）。各种杆头表面的斜度不一样，如 9 号铁杆（9-iron）的斜度是 45%，1 号铁杆（1-iron）的杆头是垂直的，挥杆时球飞不高，所以十分罕用。

特维诺眨一眨眼睛，戏谑着说："他虽然是神，但也未必会用1号铁杆啊！"[1]

特维诺因这一戏剧般的历劫归来，赢得了许多茶余饭后的笑料。但路德因为这种经历，而迈入了一个新的人生旅程，从此成了修道士和神学家。

令路德终生为患的慢性胃病，多少是因心理纠结的影响而产生了生理的问题。他所患的神经过敏性恐惧症，几乎直捣他的胃部，破坏了胃的消化功能。由于他自己一再渲染，于是他肠胃胀气的毛病竟被夸张为一段传奇事件。他在文章中不断提到他对打嗝和排气的见解。他说："假如我在维腾堡排出胀气，那么远在莱比锡的人都可以听得见。"

但天无绝人之路，路德深受其苦的肠气病也派上了用场。他曾经以身示范指导学生，说明排气是他用来驱逐魔鬼攻击的最佳绝招。他也曾在别的论著中提及他如何丢掷墨水瓶来抵御撒旦。路德在描述自己和撒旦争战时，往往说自己是孤军奋战，陷入撒旦重围中，他深信自己就是地狱之子所要瞄准的靶心。

路德所描述的撒旦故事中，隐藏了许多心理实习医生所需要的研究题材。从这些资料中，他们归纳出两点，暗示他的心理不平衡：一方面，心理医生认为路德患有妄想症；另一方面，心理医生认为路德常陷入幻觉中，以致自以为是黑暗之子唯一心仪的箭靶子。

但是根据教会历史来看，我们深信：十六世纪撒旦的邪恶势力，很可能绝大部分都集中在攻击马丁·路德的身上。

另有一段关于路德生平的插曲，发生在他第一次举行望弥撒的仪式中，这件事曾经令许多位心理医生吹胡子瞪眼。马丁·路德才华横溢，是一位杰出的神学家，但是外人并不知道他生性拘谨害羞。当时的人并不晓得他将会成为一位扭转乾坤的牧师，并且是一位名闻一时的演说家。

在他被任命为神父之后，望弥撒仪式是路德首度以神职人员的身

---

[1] 给神（指雷电）呈上1号铁杆，他也不会用，因此安全了。

份公开露面。那时候，老路德先生几乎要和他儿子妥协了，他容许马丁·路德放弃律师的事业，任他选择所爱的修道生活。他颇引以为傲："我的儿子是一位神父啊！"所以，当路德轮派到主持弥撒仪式的这一天，应该是他光宗耀祖的一刻，所有的亲戚族人都应该列于群众之中，观看路德如何主理。

每一位在场观礼的人万万没想到会发生这样的事情。路德泰然自若地开始进行望弥撒的仪式，他的神色流露着神职人员的自信与胸有成竹。当他正要进行分别圣餐为圣的祷告时，路德胆怯了——在这个时刻，路德本来可以借这次望弥撒的时机，首度行使他的祭司权柄，呼求神施行能力来改变圣餐饼和杯的元素，使它们成为基督真实的身体和血，此即天主教中伟大的变质神迹。

然而，路德浑身颤栗地僵硬在圣坛前面，似乎是惊惧得动弹不得。他的眼睛目光呆滞，额头上凝结着豆子般的汗珠。会众们个个紧张得屏住了气息，他们默默催促这一年轻的祭司继续往下进行。老路德愈来愈按捺不住了，他深觉有失父母的颜面，一股尴尬之情不禁油然而生。他看见儿子的下唇颤抖着，他正努力着要念出望弥撒的词句，但是吐不出只字片语。他又跑又跳地奔向父亲和家族亲戚坐席的桌子前，他失败了。这一次望弥撒的仪式毁在他的手中，他丢尽了父亲和自己的面子。老路德怒不可遏，他最近才慷慨地捐献了一笔钱给修道院，正待要分享儿子的光荣之际，却发生了这种场面，他厉声斥责路德，要他好好反省自己是不是一块当祭司的料。马丁·路德为自己的呼召申辩，他宣称自己是在那一次遭遇闪电雷劈时，受到天命的感召。老路德接下了他的话，说："但愿神保守，那次不是恶魔向你显灵了。"

路德究竟在圣坛前面遭遇了什么风波？路德解释，他正要开口说"永远活着、真实而永恒的神哪，我们为你奉献"的时候，他的麻痹症发作了。他说：

"正当这些话要从我口中讲出来的时候，我突然完全失去了自主的能力，怕得不知所措，我自忖道：'我应该以哪一种口吻来叙说这么肃穆的时刻？就连我们在地上的一国之君面前，都应该战兢畏惧，何况是神？我是何许人物，竟然能够举目瞻仰他神圣的威仪，甚至向他举起我的双手？众天使环绕着他，只要他点一下头，地便震动了。像我这么年轻的人，竟然敢开口说：我想要这个，我求你给我那个？因为我只不过是尘土、是灰尘，并且罪恶深重，然而我要开口向永活永存的真神说话。'"①

针对路德的癫狂之实，这一段插曲是微不足道的。我们必须把重心转移到路德一生中最戏剧化的时刻，那也正是基督教世界的转折点。路德一生之中最锥心的试炼，发生在1521年的沃尔姆斯宗教会议（Imperial Diet of Worms）上，那正是路德遭遇最严厉审问的时候。在那里，一位矿工的儿子站在教会和国家的皇子贵族面前，在神圣罗马帝国的查理士皇帝面前，由于涉嫌异端而受审判。自从这位神学教授把他的《九十五条论纲》张贴在维腾堡教堂的大门上，整个局势便一发不可收拾。这些论纲的重点，是路德的神学辩论和争议。他并未企图在国内滋事或者在国际间兴风作浪，但有一些人，可能是一些学生，获得了这些论纲之后便大肆渲染，利用古腾堡（Gutenberg）的新发明（活版印刷术），不到两个星期，这些论纲成为德国境内大家争相谈论的话题。班顿套用了卡尔·巴特的辞藻来描述所发生的事：

路德当时的光景，就像一个人摸黑爬上了一道通往古老天主教堂尖塔的回旋楼梯。在伸手不见五指的黑暗里，他试着要稳住自己的身体，这时候他摸到一根绳子。但刹那之间，震耳欲聋的钟声却把他吓得魂不附体。②

① Roland Bainton, *Here I Stand* (Nashville: Abingdon, 1950), 30.

② Roland Bainton, *Here I Stand* (Nashville: Abingdon, 1950), 64.

一阵争论不休的旋风席卷而来，论纲又辗转传到了罗马，传到了教皇利奥十世的耳中。据说教皇利奥十世读完了之后说："路德就像是个喝得烂醉如泥的德国佬，等到他清醒之后，他就不会有这种想法了。"这场口舌之战形成了修道制度和神学家之间的对峙。路德也卷进了这些论战之中，其中以奥格斯堡和莱比锡两地最为激烈。最后，一道公开控告路德的诏令公布了，其上的大标题写着："主啊，求你兴起"（Exsurge Domine）。这个标题源于它开头的一些话："主啊，兴起吧！起来审判这件关于你的案子。有一群野猪闯进你的葡萄园了。"

这个诏令发布之后，路德的书就在罗马城被焚为灰烬。他请求上诉于皇帝。最后，在沃尔姆斯召开了会议，路德获得了缓刑之优惠权，以便出发上诉。

在沃尔姆斯所发生的一切，正是捏造野史轶闻的题材。事实上，这些野史传说都是根据真人实事编成的。好莱坞曾经到实地采访，做了一个动人的报导。路德在沃尔姆斯的形象，被塑成一位英雄，他不卑不亢地抵抗着邪恶权势。他们审问路德说："你愿不愿意撤销你的著作呢？"

让我们运用想象力，勾画出一幅画面：路德昂首挺立在所有官员面前，不屈不挠地挥舞着拳头说："我在这里！我坚持我的立场！"然后我们看见他转过身来，在百姓的喝彩中，坦然迈出大厅。他纵身跳上一匹白马，迎着夕阳的余晖，驰骋而去，从此着手发动宗教改革。然而，事实并非如此。

第一次会议在4月17日召开，由于即将面临摊牌的阶段，空气中弥漫着紧张兴奋的气氛。路德在抵达之前，曾经说："我将在沃尔姆斯声明：'从前我说教皇是基督的化身，我要收回这一句话，现在我要说的是，教皇是基督的敌人，是魔鬼的门徒。'"[1]

群众们期待着他说出更多激昂的话。他们凝神静候，等着看这一头野猪大发其威。政教会议开始了，路德站在这间宏伟的大厅中央。

---

[1] Roland Bainton, *Here I Stand* (Nashville: Abingdon, 1950), 139.

在他的身旁有一张桌子，上头摆着他那些惹人争议的书籍。有一位官员问路德，这些书是否是他的作品。他回话的声音细小得像蚊虫的鸣叫一般："这些书全部是我写的，除此之外，我还写了更多的书。"接下来进入了决定性的问题，他们问路德是否准备好了要撤销他的著作，在场的人都迫不及待地要知道他的答复。路德并未挥拳舞腿，也没有公然违抗这个挑战。路德再一次以屡弱的声音回答说："我请求你给我一点点时间，让我仔细考虑考虑。"就像他第一次主持望弥撒仪式时，路德再一次退缩了。他的自信心荡然无存；野猪突然变成一只幼犬，连皇帝都不禁为之一怔，怀疑这个要求是否只是一种缓兵之计，或许路德想借着一种冗长的神学演说，来延误这次会议。但是，他还是对路德大发慈悲，准许他延到明天，让路德有24小时来考虑这件事。那天晚上，路德独自一人待在房子里，他写下了一篇感人肺腑的祷告。在他的祷文中反映出一颗谦卑降服在神面前的灵魂，他迫切地寻求神赐给他勇气，得以屹立在敌人的面前。这一间斗室对路德而言，是他秘密的客西马尼园：

"神哪！全能而永活的神哪！这个世界是如此可怕！你看它正张着大嘴要吞灭我，而我对你的信心却是这么脆弱……哦！人的躯壳是这么不堪一击，而撒旦却威猛无比！倘若我企图倚赖任何属于这个世界的力量——一切就要付之一炬了……丧钟已经敲响了……死刑的旗帜也招摇前行……喔！神哪！我的神！求你扶持我抵挡属于这个世界的一切智慧。我恳求你成全我的心愿！求你务必扶持我……只要借着你的大能和奇妙引领……这些事不单单关乎我，更是与你息息相关。在这个世界上，我没有什么可以眷恋的……我并没有必要和这个世界上的达官显要争权夺利！我宁愿安享余年。但是，这些是与你相干的事……这是关乎公义和永恒的大事！主啊！帮助我！喔！信实而恒久不变的神啊！我不冀求倚靠世人，那是虚幻的！凡属于血气的，都摇摆不定，从他里面发出的东西注定失败。我的神哪！我的神哪！难道你不愿倾听我的呼求吗？我的神！难道你已经不复存在了吗？不行，你绝不能死，你只不过是把自己隐藏起来。你拣选了我来完成这件任务，这是我深信不疑的事！……因此，神啊，求你成就自己的旨意吧！为了你爱子耶稣基督的缘故，不要丢弃我，因他是我的避难所、我的盾牌、我的山寨。

主啊——你在哪里？我的神啊，你在哪里？……请你出来吧！我祈求你，我已经准备好了……你看我已经准备要为真理而牺牲性命了……就像一个受苦的羔羊。因这些事是圣洁的。这是你自己的事……我绝不松手放你走开！绝不，为了一切关乎永恒之事的缘故，我也绝不放你走开！虽然这个世界上遍满了魔鬼的爪牙——虽然我只数尺之躯，但这也是你手的杰作，他将被遗弃，遭人践踏，碎尸万段……化为尘土，但是我的灵魂仍然属于你。的确，我已确实得着你的应许。我的灵魂属于你，并且要与你同在，一直到永远！神啊！求你赐下扶持的手！……阿门！”[1]

隔天傍晚，路德回到大厅去。这一回他的声音不再战战兢兢了。他想以一篇演说来答复这一个问题。最后，宗教法庭的检察官询问他的答案：“马丁，请老老实实地回答我，不要拐弯抹角——你究竟要不要和你的书和书中所有的错误断绝关系呢？”[2]

路德回答说：

“既然陛下和庭上诸位都希望我简短地回答，我只好遵旨，不拐弯抹角。除非圣经上有任何正当的理由能证明有罪，否则我绝不接受教皇和议会的权柄，因为他们彼此之间互相矛

[1] Ewald M.. Plass, ed., *What Luther Says* (St Louis: Concordia, 1959), 1107-1108.

[2] Roland Bainton, *Here I Stand* (Nashville: Abingdon, 1950), 144.

盾。我的心只臣服于神的话语之下。我不能、也不愿意撤销只字片语，因为违背良心行事既不正确又不保险。我坚持我的立场，绝不妄自行事。愿神帮助我。阿门。"①

这一番话会出自一位疯狂之徒吗？或许吧。问题的重点是，一个人怎么有这种胆量，竟敢公然抗拒教皇、皇帝、议会和宗教教条，并且抵抗整个基督教世界的权威。胆敢令修习精湛的学者们，令教会的最高阶层自觉互相矛盾，这需要多大的勇气来陈述他的心声，以他自己对圣经的解释，来抵抗整个世界的谬误。这算是自我中心，还是自大狂呢？这些是圣经中一位天才人物、一位勇敢圣徒的冥想，还是一位癫狂之徒的胡言乱语呢？姑且不下定论，但路德这一次为了善与恶而独自力挽狂澜、坚持立场，却使得基督教世界从此一分为二。虽然这些事对教会和马丁·路德的一生都有非常重要的影响，但这不是后辈学者专家们用来断定路德为疯狂之徒的主要原因。这个人的背后还有更多不寻常的背景，有更多病态、令人毛骨悚然的背景，与路德在修道院当修道士的种种行为有关。身为一位修道士，路德委身于严苛的苦修标准之下，他立志要当一位完美无瑕的修道士。他可以连续禁食好几天，并且冒险实施残酷的自我鞭笞。他所做的远超过修道院所规定的禁欲教条。他在各种节期之前的祈祷时间，比任何人都长，他拒绝领用一般人所配给的毛毯，以致自己几乎冻死也不妥协。他虐待自己的身体，因此当他后来追述这件事的时候，他承认，在修道院的那一间斗室中，他对自己的消化系统做了彻底而致命的伤害。他留下了亲身经历的记录：

"我是一位优秀的修道士，我一丝不苟地履行自己规定的条例，因此我敢夸口说，假如曾经有修道士凭自己的苦修功夫而上了天堂的话，那个人一定非我莫属。在修道院里面，凡认

---

① 同上

识我的弟兄都可以证明我所言不差，假如我再熬久一点儿，我早就被自己在节期的祈祷、一般祷告、读书和其他工作等等事情上熬死了。"[1]

在路德修道的日子，最怪异的事该是他每天忏悔的习惯。忏悔是每一位修道士必须履行的功课，但并不是每一天都必须执行的。这个规定是要求人为所有的罪忏悔。在日常生活中，路德没有一天不犯罪的，所以他觉得每天都需要去忏悔室，寻求解脱之道。

忏悔是修道生活中的例行公事。其他的弟兄往往来到那位听他们忏悔的神父面前，然后一成不变地说："神父，我又犯罪了。昨天晚上，我在熄灯之后又偷偷熬夜，点了一根蜡烛来读圣经。"或者说："我偷吃了菲利普修士的蕃茄色拉。"（一位修道士在小小的修道院中，究竟能制造多少麻烦呢？）听忏悔的神父听了他们的忏悔之后，就宣告了祭司一般的赦罪恩典，然后分派他去执行一件小小的惩罚。整个过程就是这样，而执行整个程序只需要花几分钟的时间。

路德修道的做法独树一帜。他把听他忏悔的神父搞得昏头转向。路德不满意老是重复背诵自己所犯的罪，他一定要确定自己一生之中没有留下一件未经忏悔的罪。每一天路德都到忏悔室报到，一待就好几个小时。在一个特殊节日，路德花了六个小时来为他前一天所犯的罪忏悔。

修道院的院长不禁对路德产生怀疑。他们猜想他可能是一位借故逃避责任的人，因而宁可把睡眠以外的时间花在忏悔室里面，也不愿意用功读书，或者去执行自己分内的任务。大家开始关心他，以为他或许是一位心智不全的人，随时都有可能发作，成为精神错乱的人。最后，他的导师斯陶皮兹神父（Staupitz）终于生气了，他责备路德说：

"你仔细听我说，假如你期望基督赦免你的罪，那么你

---

[1] Roland Bainton, *Here I Stand* (Nashville: Abingdon, 1950)，34.

就把一些值得受赦免的事情带到忏悔室中，比如弑杀父母、亵渎、奸淫等等，别老是提这些鸡毛蒜皮的小过失……孩子啊，神并未向你发怒，而是你向神发怒。难道你不明白神吩咐你要凡事盼望吗？"[1]

这真是一针见血！人们就是凭这点为路德冠上了颠狂之徒的称号。这个人是极端的特殊人物，他的罪恶感是前人无出其右的。他的罪恶感是一种病态，以致他的情绪常处于极度的不安与烦躁之中，因而使他的言行举止无法表现得像正常人一般。他甚至不能像一位正常的修道士一样作息。他仍然处于欲从雷电中逃脱的惊悸之中。班顿为他的情况做了一个总结：

> 结果，他被一种最可怕的不安全感缠住了。他的灵魂整日处于心惊胆战的状态，他的良心日益烦扰不安，以致连树叶被风吹得飒飒作响，也会令他战战兢兢地发抖。梦魇中的惊吓攫夺了他的灵魂，使他整日担心自己一旦从睡梦中惊醒，却正好对着夺命使者的双眼。众位骁勇的天堂斗士全都临阵逃脱了，却见恶魔心怀不轨地频频呼唤着这个瘦弱的灵魂。路德曾经再三明言，这些折磨比任何肉体上的疾病还令人难以消受。他的描述正好和众所皆知的心智疾病不谋而合，因此人们不禁再一次怀疑：究竟他所遭遇的搅扰是来自真正的宣教方面的困难，还是由于胃病及腺体分泌不足？"[2]

我们对路德的言行举止究竟该做何解释呢？有一件事是可以确定的：路德恰好缺乏了正常人为了消灭良心不安而产生的自卫能力。

有一些理论家争辩，认为一个处于癫狂状态的人，他所看见的事

---

[1] Roland Bainton, *Here I Stand* (Nashville: Abingdon, 1950), 41

[2] Roland Bainton, *Here I Stand* (Nashville: Abingdon, 1950), 42.

实或许比他神志清醒时所看到的还要准确。让我们设想有一个忧心忡忡的人去看心理医师，他向医生倾吐自己因为害怕，所以无法参加教会所举办的野餐。经过心理医生深入追究，他才道出自己怕在野餐过程中可能发生车祸；也可能正在享用野餐之际，遭遇毒蛇攻击；又怕在暴风雨来临时遭闪电击中；或者在吃热狗时，竟噎死了。

这一切的忧惧都包含些许认真的可能性。生命真的是一种冒险犯难的事业。我们找不到安身之处，来躲避威胁生命的危险。霍华德·休斯（Howard Hughes）拥有万贯家财，然而他找不到一个真正使他免于仇家恶意中伤的安全环境。心理医生也无法向病人担保所有的野餐都会平安无事。这个人预感凡事都有出差错的可能，原是无可厚非的，但是他之所以显得不正常，是因为他失去了我们与生俱来的自卫能力，这种能力能帮助我们忽略那些每天环绕在我们身边、比比皆是的重重危机。

人们在分析路德的心理的过程中，往往忽略了和路德的出身背景及人格息息相关的要素。他们所遗漏的这一点，是发生在路德进入修道院之前，那时他早已锋芒外露，堪称欧洲司法领域中的青年才俊。路德聪慧过人，他的头脑相当正常，没有一点儿毛病。他之所以才华出众，与人不同，是因为他能在错综复杂的法律条文中，拿捏住它的重点所在。一些人预料，有朝一日他将成为一位法律界的泰斗。

我们常常可以听到这样的说法：有人说，天才和白痴之间只有一线之隔；还有人说，有些人则在这条线忽前忽后地穿梭不已。或许这正是路德的写照。

他并不是疯狂之徒，他应当是一位天才，所以对法律才能有超人一等的见解。然而，当他把狡黠的悟性投诸于神的律法时，他立刻看出大多数庸俗之辈所遗漏的许多事情。

路德仔细考查了这一条最大的诫命："你要尽心、尽意、尽力爱主你的神，又要爱邻如己。"然后，他就反问自己："什么才算是犯了最大的罪呢？"有些人对于这个问题的答案，认为最大的罪是杀人、奸淫、亵渎或者是没有信心。路德却不这么认为。他得到的结论是，既然最大的诫命是要我们尽心爱神，那么最大的罪就是未能做到尽心爱神。在他的洞见之下，他窥出了介于最大义务和最大罪恶之间的一个平衡点。

但是，绝大多数的人的想法不一样。没有一个人能够持续五分钟来遵守诫命。或许我们会自以为已经做到了，但是我们只要花一刻钟的功夫去反省，我们就可以清清楚楚地看见，根本没有一个人是尽全心、尽全意、尽全力爱神，也没有一个爱邻舍如同自己。或许我们尽可能地避免深入探讨这件事，但是我们的潜意识往往会出其不意地来控诉我们，提醒我们。实际上我们每天都违犯了神的诫命，就像以赛亚所说的，我们也知道没有一个人能切实遵守最大的诫命。于是我们就自我安慰说："反正没有人是十全十美的。既然我们大家都无法以完全的爱去爱神，那么又何必庸人自扰呢？"一般人碰到这种情况，并不会每天花上六个小时的功夫来到忏悔室中忏悔认罪。他们认为，假如上帝要认真地刑罚凡是未能遵守最大诫命的人，那么世上人人都难逃刑责。这一种审判太严苛了、太强人所难了，它是不公平的。因此，神必须依照常态来论我们的罪。

路德却大不以为然。他深知神若按照常态来审判世界，神势必付极大的代价，神势必牺牲自己的圣洁而与世人的罪妥协。若我们指望神出此下策，那无异是我们狂妄至极、愚昧至极的表现。神并不会贬低他自己的标准来迎合我们的品味，他依然保持着完全圣洁、完全公义和完全正直的本性。但是，我们是不义的人，我们常陷自己于进退维谷的窘境。有一个问题始终萦绕着路德对法律的见解：一个不公不义的人在一位公义的神面前，怎么能够苟且偷生呢？在一般人视为无关紧要的事上，路德却为之痛不欲生：

> 我们难道不知道神居于人所不能逼视的大光中吗？我们
> 这些软弱而暗昧的受造物，却想要借着探求来认识这位奇妙的

神，想在他深不可测的光中知晓他的堂堂威仪。我们着手收集知识来从事研究。然而奇妙的是，我竟因他的赫赫尊崇而震慑不已、魂不守舍。①

圣经中记载了一个有钱的年轻官员前来找耶稣，以求永生之道。路德与之相较，显然是截然不同的两个典型：

> 有一个官问耶稣说："良善的夫子，我该作什么事才可以承受永生？"耶稣对他说："你为什么称我是良善的？除了神一位之外，再没有良善的。诫命你是晓得的：'不可奸淫，不可杀人，不可偷盗，不可作假见证，当孝敬父母。'"（路18：18-20）

在耶稣和这位年轻官员这一段著名的会晤中，有一些重点往往被世人忽略了。那就是这位年轻人向耶稣寒暄的这一句话，它的含义重大。他称呼耶稣为"良善的夫子"，耶稣却没有忽略他措辞上的含意。耶稣立刻看穿了这一位跟他说话的年轻人，知道他对"良善"这个字的认识是相当肤浅的。这个人想要跟耶稣谈一谈得救之道。耶稣却巧妙地兜了一个圈子，把话题引到探索良善这个词的真谛。他借着这个机会，为这一位年轻人上了难忘的一课，教导他究竟什么才是真正的良善。耶稣以这个人问候的这一句话为焦点："你为什么称我是良善的？"他进而提出资格深浅的观念，来强调他问题的重心所在："除了神以外，再没有良善的。"让我们拿一盏红色的信号灯，照在这一句话上吧！耶稣这一番对"良善"的注解，难倒了许多人，甚至一些学问渊博的神学家也不例外。

耶稣这一番话在某些人听起来，会认为他实际上是说："你为什么称我是良善的呢？我并不是良善的。只有神才是良善的。我并不是

---

① Roland Bainton, *Here I Stand* (Nashville: Abingdon, 1950), 43.

神，因此我并不是良善的。"但是，耶稣在这一段话当中，并未曾否认他自己的神性。这一段话也没有否认他良善的本性。让我们根据正确的资料来看一看吧。这位有钱的年轻官员称呼耶稣为良善的，是最适合不过的。耶稣是良善的，神是良善的化身。跟这一位有钱的年轻官员谈话的人，正是神的化身。然而，问题是：这位有钱的年轻人并不了解这一层关系。他推崇耶稣是一位万世师表的拉比，但是，这一切只是他以管窥天所看到的全部。他根本没有意识到自己正在和神的化身谈话，根本不知自己正和这一位"良善的化身"探讨良善的真谛。显然，这位富有的年轻官员对于圣经并不熟悉，他未能领悟《诗篇》14篇的含意：

愚顽人心里说："没有神。"他们都是邪恶，行了可憎恶的事，没有一个人行善。耶和华从天上垂看世人，要看有明白的没有，有寻求神的没有。他们都偏离正路，一同变为污秽；并没有行善的，连一个也没有。（诗14：1-3）

保罗在新约圣经的书信中，经常引用这一段经文，并且加以发扬光大，我们不应当滥用这一段经文。"并没有行善的，连一个也没有"，在这个控诉之下，没有一个人是例外的。除了神的儿子之外，没有人合乎神良善的标准。这个控诉着实令人类的心灵退缩。或许，是圣经言过其实了，我们都知道，世界上有许多热心公益的善人，我们也经常自认为是乐善好施的大好人。然而无可否认的是，没有一个人是完全的。

我们在日常生活中，经常是大过不犯、小过不断。但是，我们仍然经常表现出见义勇为的善举，不是吗？这种想法正是那位富有的年轻官员自以为是的看法。他以错误的见解去评估良善的标准，他以外在的行为来衡量人的良善。神吩咐我们要行良善的事，他吩咐我们要救助贫寒的人。我们也确实做到了济贫扶弱。这一切不都是好行为吗？这话似是而非。若以我们外在的行为举止符合了神的标准来看，这一切的确是好行为。以这一层面的意义来看，我们经常行善。但是，神更看重人的内心，他所关心的是我们内心深处的动机。一件行为若要通过神的良善标准，那么它必须是从内心流露出来对神完全的爱，进而切切实实地爱邻舍如同自己。由于我们对神和对邻舍的那一份爱都无法臻于完善，相形之下，我们一切外在的好行为也黯然失色了。由于我们内在动机是不完美的，因此我们外在的行止也随之蒙上了一层阴影。

根据圣经的道理，由于人缺乏一颗完美的心，所以人无法行出完美的举止。神的律法是一面既真实又公义的镜子，当我们把自己的成就摆在这一面镜子之前，镜子里立刻把我们不完美的瑕疵反映出来。耶稣在这一位富有的年轻官员眼前，举起了这一面镜子："诫命你是晓得的：'不可奸淫，不可杀人，不可偷盗，不可作假见证，当孝敬父母。'"（路18：20）在这里有一点值得我们注意，耶稣为这位年轻官员所列举的种种诫命，是记载在人们所说的第二块法版中的诫命，是关于我们对待人类同胞的诸般责任。这些诫命的主旨是偷盗、奸淫、杀人等等。

耶稣在这一段话中，显然遗漏了头几条诫命，那些诫命明确地划分了我们对神当尽的义务。这位富有的人怎么回答呢？他并未因而感到困扰。他镇静地望着这一面镜子，却看不出自己有什么瑕疵。我们只能用"沾沾自喜"这四个字来形容他的答复："这一切我从小都遵守了。"想想看，这个人是多么狂妄自大，却又是多么无知啊！我很难体会耶稣竟能忍受这个人的态度。换成我，我一定控制不了自己的脾气。我一定立刻大为愤怒，说："什么？你从小就遵守了我的命令！你顶多只有五分钟的热度来守住十诫。难道你没听说过登山宝训吗？难道你不了解，假如你不合情理地向弟兄动怒，就等于你已经犯了不可杀人的这一条命令吗？难道你不知道，假如你对一位妇女动了淫念，你就等于犯了不可奸淫这一条诫命吗？难道你不曾垂涎他人的财物吗？你能够始终尊敬你的父母吗？你这个人，不是疯了就是瞎了眼。你所谓的遵守诚命顶多只是你的肤浅想法。你只守住了表面的诚命而已。"这就是我处理这种场面的方式。耶稣的处理方式却不如我想象的。耶稣以更高一等、更有效果的方式来处理这个场面：

> 耶稣听见了，就说："你还缺少一件：要变卖你一切所有的，分给穷人，就必有财宝在天上，你还要来跟从我。"（路18：22）

　　假如耶稣曾经说过任何有口无心的话，那就是这一段话了。假如我们按照字面的意思来解释耶稣的这段话，那么我们势必盖棺论定地说，这一席对话是发生在有史以来两位最正直的人之间。也就是说，这一段对话是介于一位完美无瑕的羔羊和一位美中不足、只有一点瑕疵的羔羊之间。要是我听见耶稣说我只差了一截就可以臻于完美的道德要求，那么我一定兴奋不已。假如我们试着揣摩耶稣的心思，我们可以为耶稣的心意推敲出一个思维过程："喔！你从小就遵守了这一切的诚命，好吧，让我们瞧一瞧。第一条诚命写着些什么呢？喔，是这样吧：'除了我以外，你不可有别的神。'让我们瞧瞧你在这一条诚命上的表现如何。耶稣开始考验他。假如在这位富有的年轻人身上，有什么东西比神更重要的，那就是他的钱财了。耶稣针对他的要害向他挑战。根据他的要害来看，他首当遵行的第一条诚命是："要变卖你一切所有的……"这人有什么反应呢？他怎样对付生命中唯一的瑕疵呢？他忧愁地走开了，因为他拥有庞大的财富。这人在接受十诚考验时，竟然在第一题就被淘汰了。这个故事的主旨，并不是要订一条法规，命令基督徒要舍弃所有的私人财产。它的主要用意，是要教导我们认清何谓真正的遵守诚命，何谓真正的良善标准。耶稣揭开那个人的面具，他便不堪一击地逃之夭夭了。

　　经过了几个世纪之后，耶稣遇见了另外一位年轻人，这一次他无需多费心思来精心设计一个功课，好让这位年轻人从中看清自己的罪。他从来没有告诉路德说："还缺少一件。"路德早有自知之明，他早就认清自己的欠缺实在是罄竹难书。他曾经当过律师，也曾经深入研究旧约圣经中的律法，他明白一位圣洁的神所要求的标准是什么，而他就是被这个自知之明逼得发狂的。路德的天分抵触到一个法律上的矛盾，令他进退两难，不知如何是好，似乎没有一条可行之路来解决这个矛盾。这个令他日以继夜寝食难安的问题是：何以一位正直的神能接纳不公不义的世人呢？他知道自己的命运就操在这个问题的答案上，但是他百思不解。一般市井小民逍遥自在，享受他们无知的福气。他们洋洋自得，认为神会在他至善至尊的崇高标准上妥协，以便让他们上天堂。否则，假如他们被摒弃于天门之外，那么天堂也不可能是一块奇妙的乐土了。神必须按照常态来衡量我们，乳臭未干的小子终究成不了大器，但是因为神太伟大了，所以他不介意这一点点道德上的瑕疵。

路德有两个独特的见解而使他异于常人：第一，他认识神；第二，他明白这位神对律法的要求是什么。法律是他最拿手的，要不是他后来顿悟了福音的真谛，那么他早就被折磨死了。于是，重要的时刻来临了：路德经历了一个史无前例的信仰启示。这一次不是在闪电雷劈之中，也不是在掷墨水瓶的愤怒中，而是发生在路德独自埋首苦读之际。路德所谓的"钟楼奇遇"（tower-experience）改变了世界历史的发展。这一段经历促使路德重新认识神，并且对他的神圣、公义有了崭新的观念。他从而了解神如何在施行怜悯的同时，不贬损他的公义来作为妥协的代价，他因而重新领悟，一位圣洁的神是如何煞费苦心地来表达一份圣洁的爱：

> 我极其渴望要明白保罗写给罗马人的书信，其中除了
> "神的义"这句话的含意以外，没有任何一句话令我觉得困惑
> 受挫的，因为我有先入为主的观念，认为神是公义的，所以他

应该秉持公义的原则来惩罚那些不公不义的人。我当时的处境是，虽然我自认是一位完美纯洁的修道士，但是当我站在神面前，我觉得自己像一个罪恶深重的犯人。我备受良心的苛责，深恐自己的美德不能取悦于他，令他息怒。就因为这个缘故，我没有法子爱这样一位既公义、又有震怒的神。相反地，我恨他，我对于他有发不完的牢骚。但是，我对这位亲爱的保罗弟兄依然穷追不舍，我一心一意要追究他的意思是什么。我日以继夜地反复思想，直到我发现了"神的义"和"义人必因信得生"之间的关系，我才豁然顿悟，明白神的义是正直的，由于他正直的缘故，就借着恩典和特别的怜悯，按照我们信心的大小来审判我们。

在那一刻，我觉得自己经历了重生，进入了敞开的乐园之门。整本圣经在我心中产生了许多新的意义，从前令我愤恨难消的"神的义"这句话，现在对我却是甜美无比，成为一种伟大的爱。保罗的这段讯息成为我迈入天堂的门径……假如你真正有信心，相信基督是你的救主，那么你立刻就拥有了一位慈爱的神。因为信心会把你引入神的家中，使你明白神的心和他的旨意，因此你必能看见神纯全的恩典和他无尽的爱。为了要凭信心的眼睛瞻仰神，你必须定睛在他那一颗如同慈父和良友般的心上，因为在他心中没有震怒，也没有不慈爱的意念。那些认为神爱发怒的人，他们所用来看见神的眼光并不正确，是隔着一层纱来张望。这一层纱就好像一朵用来遮掩主面的乌云一般。[1]

就像前人以赛亚一样，路德也觉得有一块炭火灼烧着他的嘴唇，也体会了崩溃的意义。眼前这一面圣洁之神的镜子令他整个人粉碎了。事后他说道，在他有足够的资格来尝一尝天堂的滋味之前，神必须先把他引到地狱的正上头摇晃几下。神并未把他的仆人摔进地狱，

[1] Roland Bainton, *Here I Stand* (Nashville: Abingdon, 1950), 50.

他反而伸手从地狱中救回了他的生命。这证明他既是一位公义的神，又是一位秉公审判世人的神。当路德首次了解神的福音时，乐园的门便为他大开，欢迎他进来。"义人必因信得生"，这是新教徒改革摇旗呐喊的口号。这个单凭信心、单凭基督所成就的救恩，就是福音的核心内容。因此路德把这一节经文称为"教会存亡的基本经文"。路德非常清楚这个经文就是决定他是否能存活的关键。

当路德顿悟保罗的《罗马书》中的教诲之时，他重生了。他卸下了沉重的罪恶感担子，结束了一切令他疯狂的自我折磨。这件事对一位敢公然反抗教皇和议会、反抗王子和帝王、甚至反抗整个世界的特殊人物而言，意义实在相当重大。他已经通过了乐园的重重门户，再也没有人能把他拉出去。路德是一位清楚自己对抗的是什么的改教者。路德是颠狂的吗？或许有几分是。但是，假如他真的算是狂人，那么我们就要祈求神，赐给这个地球上有一股像路德一般的狂潮，好让我们也能尝一尝那一种单凭信心才能拥有的公义滋味。

▨ 让神的圣洁来触及我们的生命

你已经学习并重新发现了神的圣洁，请回答以下问题。用一篇日记来记录你对神的圣洁的回应，或者和朋友讨论你的回应。

1. 当你朝神圣洁的镜子里看的时候，你能看见什么？你能在哪方面认识自己和认识神？

2. 当你为罪感到羞愧的时候，你会怎么做？

3. "义人必因信得生"对你个人意味着什么？

4. 当你认识到神称你为义的时候，你会怎样来敬拜他？

第六章

神圣的公义

公义是所有的美德之中最高尚的表现，
比晨星还令人惊喜，比夜空中的星斗还要美好。

——亚里士多德（ARISTOTLE）

路德深知不公不义的世人要坦然活在一位既公义又圣洁的神面前，是一个严肃的问题。路德是众修道士中的佼佼者，同样，保罗也是众法利赛人中最杰出的英才。他们二人都聪颖过人，受过高深的教育。据说，当保罗转而信奉基督教之时，他是巴勒斯坦境内知识最渊博的人。大约二十一岁的时候，他已经拥有两个博士学位，还埋首于研究法律及神公义的难题。路德修士和法利赛人保罗，他们两人都被神圣的公义这个难题给整垮了。在他们二人成为积极传福音的使者之前，他们都是研究旧约圣经中种种律法的学生。凡是读过旧约圣经的人，当他们看见神的审判比比皆是时，必然会在心中产生争战。对于大部分人来讲，这些观点只是他们所看到的一个片面。我们称这些暴力的章节为"难懂的话"，他们却被这些话难倒了。

有些人认为，光凭这些话他们就有足够的理由来排斥基督教。这些话似乎很有分量，以致成为人蔑视神的理由。其他人则企图擅自把旧约圣经改为宗教的寓言故事，或者以断章取义的方式，把那些残酷的章节规划为原始的神话。有些人则更离谱，他们强辩说，旧约圣经中的神和新约圣经中的神不是同一位——旧约圣经中的神深藏不露，他的脾气暴躁，是一种妖魔般的神祇，然而他的愤怒赤焰却未能盖过新约圣经中这一位慈爱的神。

在这一章里头，我想直接面对面地讨论神。我要挑出旧约圣经中最艰涩、最令人愤慨的章节，看看是否能寻获一些合情合理的解释。我们将逐一查考亚伦的两个儿子拿答和亚比户，看看他们如何遭遇神毫不留情的审判；我们也将看一看乌撒因为伸手扶住约柜而被神击杀的事；我们还要细读那一长串血腥的罪行，那些全是神判定非死不可的；我们还会看到那些奉神之命而对老幼妇孺展开的大屠杀。本章不适于患肠胃病和心脏病的人阅读。假如你愿意继续研读这本书，我们将直接进入骇人听闻的恐怖深渊。

亚伦的儿子拿答、亚比户，各拿自己的香炉，盛上火，

加上香，在耶和华面前献上凡火，是耶和华没有吩咐他们的，就有火从耶和华面前出来，把他们烧灭，他们就死在耶和华面前。（利10：1-2）

　　拿答和亚比户二人都是祭司的身份，他们是大祭司亚伦的儿子。神亲自拣选亚伦荣膺首任大祭司，亚伦曾经和摩西并肩带领以色列人行过旷野。假如在当时的以色列民中，有什么人和神的关系密切，那自然首推摩西和亚伦了。人们或许以为神对待亚伦的儿子，必然会手下留情，但他们错了。这两个人只是在祭坛上犯了一次僭越的罪，神就当场击杀了他们。他们的行为并不像当时的风俗——以妓女来亵渎祭坛，或者像摩洛哥的祭拜仪式那样，以人作为祭品献上。他们只不过是在祭坛上献上"凡火"。我们无法确实地考查究竟什么是凡火，只是整个问题听起来，似乎就是年轻一辈的祭司在礼拜的仪式中，尝试了一种创新的实验，如此而已。或许他们所做的，顶多是一件受谴责的事而已，他们却落得如此的下场，竟然连一个公平审判的机会也没有，竟遭神不由分说地当场击杀。

　　有一位科学家叫做伊曼纽尔·维利科夫斯基（Immanuel Velikovsky），他是爱因斯坦的朋友，发表了一篇旷世奇谈的论文，辩论地壳在经过岁月的侵蚀和巨型冰河的游移作用之下，它的外形会逐渐改变。他同时也提出一个原理，成为拿答和亚比户这个故事的最佳佐证。维利科夫斯基认为，改变地壳表面的因素，源于一颗行星或者一颗巨大的彗星。由于它太接近地球了，改变了地球两极的磁场，迫使地球开始朝相反的方向运转。现在请在你的大脑中想象一个全速旋转的陀螺，然后，就在一瞬之间，它被外力强迫朝反方向旋转；假如这个陀螺里面装满了水，那么会发生什么事呢？这些水会激起一股反方向的潮流。这个理论有一部分论到地球遭受到一阵流星的扫荡，而使得地球内部所藏有的大量石油填在地球表面的每一个缝隙之中，因此在地球表壳的下层，形成了许多油渍沉淀物（想一想中东这一片石油富饶的地区吧）。这一颗巨型彗星的尾巴在经过了许多年之后，仍隐约可见，以致人们把它当成一个天象的征兆。到了后来，犹太人竟然跟着它曲折的途径，在旷野中漫无目的漂流了四十年。

根据维利科夫斯基的说法，这条尾巴就是以色列人的云柱和火柱。那时候，拿答和亚比户发现地面上到处都是油，但是他们并不晓得它是什么东西。他们的举止正像典型的暴发户，他们决定把这些东西和祭坛上燃烧的物品混在一起，看看效果如何。这些东西一掉进火焰，便"嘭"的一声烧了起来，并引发了爆炸，把这两位祭司当场烧死了。这种事情在远古的社会中被视为犯天怒，因此才会招天谴。维利科夫斯基以自然现象来解释这个故事，根据他的观点，拿答和亚比户系因意外灾害而死，就如同孩童们因自己的无知戏耍，而酿成悲剧一样。

圣经中的说法却不一样。根据圣经的记载，他们的死是由于神所施行的超自然审判。这件事当然可以借由自然现象来执行，但是圣经很清楚地告诉我们，拿答和亚比户之死绝不是意外灾害，唯一的原因是出于神的震怒以及他的审判。亚伦对于这件事的看法是什么？圣经上说，亚伦因这事就心里不悦。这种反应是理所当然的，亚伦并不想掩饰他的愤愤不平，他把一生奉献给神，单要侍奉他，他的儿子们也继承父志。他依稀记得为儿子举行献身仪式的情景，他仍然记得当他们分别为圣归入祭司之列时的骄傲。虽然这些只是他们的家务事，但他所侍奉的神可曾为此向他表示感激呢？到头来，神竟然为这一个看起来似乎微不足道的违规小过，击毙了他的儿子。亚伦急急忙忙跑去找摩西，把这件事的来龙去脉告诉他。亚伦的口气似乎是说："好吧，神啊！看我要好好告你一状。我要把这件事的真相告诉摩西。这件事你一定要给我们一个交代。"于是，亚伦赶紧跑去向摩西吐苦水：

> 于是摩西对亚伦说："这就是耶和华所说：'我在亲近我的人中要显为圣；在众民面前，我要得荣耀。'"亚伦就默默

不言。（利10：3）

　　摩西把出于耶和华的答复转达给亚伦，也提醒亚伦，自从祭司们举行献身仪式之后，就该承担神圣的侍奉和工作，当以肃穆的心，肩负起他们的职务。他们拥有特权，能够在圣洁的神面前侍奉他。会幕中的每一件器皿，都是专门为了特定用途而做的。而每一条献祭的仪文，也是按照神的吩咐而分别为圣的，因此神所吩咐的种种规定丝毫不得马虎。神还特别叮咛亚伦和他的儿子，在经手祭坛上的燔祭事宜时，一定要恪守正确的步骤，神早已说过：

　　　　在这坛上不可奉上异样的香，不可献燔祭、素祭，也不可浇上奠祭。亚伦一年一次要在坛的角上行赎罪之礼，他一年一次要用赎罪祭牲的血，在坛上行赎罪之礼，作为世世代代的定例。这坛在耶和华面前为至圣。（出30：9-10）

　　神在这里给我们非常清楚的训示，明确地申诫：焚香的祭坛在耶和华面前为至圣。当拿答和亚比户献上了稀奇古怪的凡火时，他们所做的无异是公然向神挑衅，他们的行径是一种叛变，因为他们竟然在圣所行了一件不可原谅的亵渎之事。他们犯下了僭越的罪，背叛了神；他们冒犯了一块最圣洁的地方。神的审判毫不迟疑，他清楚地解释给摩西听："我在最近我的人中要显为圣；在众民面前，我要得荣耀。"这一番话并不是预言。当神说"我要……"，他所指的就是一道神圣的命令，是无人胆敢撤销的圣谕。在这一段插曲中，最精彩的是第3节的最后几个字："亚伦就默默不言。"除此以外，亚伦还能做什么？那一场雄辩已经结束了，结论呈现在眼前，神已经施行了裁决。

　　神曾明言禁止亚伦的儿子献上这种凡火，他们却犯下了违抗命令的罪，于是神敲响了公义的小木槌，亚伦只有默默不言了。他哑口无言，无从抵抗。就像面临最后审判的犯人，他只能默然认命了。这个例子足以说明，神的公义中仍含有惩罚，他为了秉行公义，于是刑罚了犯罪的人。这个刑罚残酷吗？这种作风出人意外吗？你认为这件事根本是逾越了公义的界限，是不公平的吗？深植在我们脑海中的公义观念，认为它应该是一种赏善罚恶的审判。倘若刑罚过苛，那就是矫枉过正了。圣经上清清楚楚地告诉我们，拿答和亚比户无权以无知为借口，来逃避他们的罪责。上帝早已向他们明示他的诫命，他们也明知不得在坛上擅自以未经认可的凡火为祭；因此，这显然是明知故犯的罪。但是，他们万万没想到这个罪的事态严重，竟然致使他们二人当场被击毙。在这里我们看见神的残酷手段，他的手段太严苛、太出人意外了。而这种刑罚不仅深深困惑着我们，更令我们的心灵承受不了。我们该怎么把这段故事和先前《创世记》中所教导的公义的神联想起来呢？《创世记》中明白告诉我们："审判全地的主岂不行公义吗？"（创18：25）根据以色列人的初步判断，认为神的审判总是依照公正不阿的原则，在他的公义中，绝对找不到不公平之处，也不可能有捉摸不定的怪癖，更不至于专横残酷。神绝对不可能不公平，因为他的公义是神圣的。

假如我们对拿答和亚比户的故事仍然无法释怀，那么乌撒的故事更令我们愤愤不平了。当大卫登上王位时，他立刻弭平内乱，奠定国家巩固的基础。他与幕僚共商国策，决定把以色列最神圣的国宝约柜从绿林草莽中运回首都。从前约柜被非利士人所掳，据说就在那个决定性的日子，荣耀离开了以色列。当圣物约柜被掳走之后，这件以色列国最伟大的宝贝就被偷运到异教神祇大衮庙里。等到约柜归回以色列后，就被安放在极保险的地方，以待适当时机，再把约柜迎回首都最显要的地点。现在时机成熟，大卫立志要赢回以色列的荣耀。他在经上说：

> "我们要把神的约柜运到我们这里来，因为在扫罗年间，我们没有在约柜前求问神。"全会众都说："可以如此

行，这事在众民眼中都看为好。"（代上13：3-4）

约柜是重整以色列民心士气的关键，它是神的宝座，是至高者神圣的座位。它是神精心设计的结晶，是神按照自己天衣无缝的设计模式构建、装饰起来的。它原来是要安放至圣所里面。约柜是一个由皂荚木制成的柜子，里外都包着精金，它的四周镶着一圈金牙边。约柜的四个脚上装着四个金环，可以把杠穿进这些环里面，用杠抬着约柜。杠也同样由皂荚木制成，外覆着精金。约柜的盖子就是常说的"施恩座"，它也是精金制成的。两个基路伯也是以金子锤出来的，安置在施恩座的两头，高张着翅膀，面面相对。大卫下令要抬回耶路撒冷的，就是这件圣物。

> 他们将神的约柜从亚比拿达的家里抬出来，放在新车上，乌撒和亚希约赶车。大卫和以色列众人在神前用琴、瑟、锣、鼓、号作乐，极力跳舞歌唱。
>
> 到了基顿的禾场，因为牛失前蹄，乌撒就伸手扶住约柜。耶和华向他发怒，因他伸手扶住约柜击杀他，他就死在神面前。大卫因耶和华击杀乌撒，心里愁烦，就称那地方为毗列斯乌撒……（代上13:7-11）

大卫是一位合神心意的人。他不但是一位才能卓越的君王、一位造诣很深的音乐家、一位百战皆捷的勇士，他也是一位杰出的神学家。假如大卫因为神大发雷霆而心里愁烦，那么对于一位在神学方面才疏学浅的读者来说，这件事又会使他忐忑不安到什么程度呢？

尤甚于拿答和亚比户的例子，神这一次击杀乌撒的事件，使许多曾经听说神是满有慈爱与仁慈的读者们议论纷纷。圣经中说神是长久忍耐、不轻易发怒的。我们可以肯定地说，神并未对乌撒忍住怒气，直等震怒沸腾的地步。乌撒不过摸了约柜而已，神就爆发烈怒，使他立刻命丧黄泉。

人们再一次重施故技，试图把这件事的实情淡化，于是他们又以自然界的现象来说明乌撒的死因。人们推测的结论，乃因为乌撒太重视这个神圣的约柜，于是他以虔诚敬畏的心情伸手搀扶这一件圣洁之物。因此，当他一接触到约柜时，他的内心便涌起一阵惊骇，因而使他突然发作了心脏病，当场毙命。他的死亡纯粹是由于惊吓过度。这个解释替神解围，使他免除了一切责任，它认为圣经作者所阐释的，只不过是旧约圣经原始迷信中屡见不鲜的一个范例。人们之所以诉诸这种解释方式，不仅仅是因为现代人对一切超自然的现象都患了无药可救的过敏症，更是因为这个故事严重地触犯了我们的正义感。

让我们再把这个事件的发生经过重新回顾一次。约柜现在由一辆马车载往耶路撒冷，这是一个举国欢腾的大典，荣耀重回以色列国。有大批群众在城外三五成群地聚集着，人们列队游行庆祝，队伍中间掺杂着七弦琴、铃鼓和喇叭等乐器。让我们想象一下这一幅景象：仿佛是一支由76个长号所组成的游行队伍，人们拥挤在大街小巷中，载歌载舞。突然，牛车颠簸了一下，摇晃起来，约柜就要从原处滑移，眼看着就要掉到地上。万一这么贵重的物品真的掉在尘土上，遭受了亵渎，那真是令人不敢想象。乌撒的举动的确出于直觉反应，任何一位犹太人都可能有一样的反应动作，他赶紧伸手扶住约柜，以防它掉进泥巴里头。他伸出手来稳住约柜的滑移，是为了要保护这一件圣物，免得它往下滑落。这并不是有预谋的违抗神的行动，这是一个反射动作。在我们看来，这个举动就好像是一种英雄侠士的作风。我们认为乌撒应该能听见神从天上大声喊着说："乌撒，谢谢你。"但神并没有这么做。相反地，神当场击杀了他。和上个例子一样，这又是一个就地正法的例子。

以上我们知道了现代理论家是怎么处理这个事件，现在，我们要看圣经对这个事件的看法。乌撒究竟犯了什么罪？在答复这个问题之前，我们必须先回到犹太人的历史背景，看看祭司制度的形成经过，以及神对祭司又有什么特别的吩咐。要成为一名以色列的祭司，这个人必须出身于利未族。所有的祭司都是利未人，但是并非所有的利未人都是祭司。只有利未族中一个特殊的皇族支派，那就是哥辖的子孙，才能当祭司。就像他们的族名所显示的，这些人都是哥辖的后代。哥辖族的人是由神所分别为圣的，专门从事一份崇高的特殊任务。他们曾经接受训练，为要担任一件基本的服侍——负责看管幕内至圣的物品：

> 哥辖子孙在会幕搬运至圣之物，所办的事乃是这样。
> （民4：4）

我们必须牢牢记住，会幕是一个帐篷，是可以搬运的。当以色列各个支派拔营的时候，哥辖子孙抬着会幕，随时守在他们身边。因此，神就可以在他们中间。会幕在搬运的过程中，其中每一件圣洁的器皿，都要覆盖起来。我们从圣经中读到：

> 将要起营的时候，亚伦和他的儿子把圣所和圣所的一切器皿遮盖完了，哥辖子孙就要来抬。（民4：15）

为了强调这个吩咐的重要性，神还附带了更进一层的规定条文：

> 耶和华晓谕摩西、亚伦说："你们不可将哥辖人的支派从利未人中剪除。他们挨近至圣物的时候，亚伦和他儿子要进去派他们各人所当办的、所当抬的，这样待他们，好使他们活着，不至死亡。只是他们连片时不可进去观看圣所，免得他们死亡。（民4：17-20）

乌撒是哥辖族的人，他对于自己的本分知道得一清二楚。他曾受过严格的训练，以便遵守这个纪律。他明白神早已告诫他们，触摸约柜是犯下死罪的。无论在任何情形之下，都不容许哥辖族的人触摸约柜。没有任何紧急事件足以构成理由，来打破这一条神圣不可侵犯的诫命。约柜的外表是经过精心设计的，镶有纯金的环，可以让长杠穿过环内来搬运约柜。因此，哥辖族人的本分只是抬着这些长杠，借以搬运约柜，却没有一条规定，准许他们直接把约柜放在牛车上来搬运。

首先，我们一定感到奇怪，究竟约柜放在牛车上会有什么影响？神对会幕内的一切圣物要求得非常严谨，绝对不容许哥辖族的人直视约柜，否则便犯了该死的罪。神早已明言规定，假如一位哥辖族的人瞥见了至圣所中的约柜，他就得死。乌撒不但不准触碰约柜，甚至连看一眼也不行。

总之，他还是碰了约柜，他把双手笔直地摆在约柜上头，来稳住约柜，免得滑到地上去。这算是一种圣洁的英雄作风吗？绝对不是！这狂妄自大的表现，犯了僭越的罪。乌撒自以为他的双手比大地的污秽要少，但是，令约柜遭受亵渎的，并不是大地，也不是泥巴，而是人的触摸。大地是顺服听命的受造物，它遵照神所吩咐它的去做，它按照时令生生不息地出产，它服从神所设定的自然律。当气温降低到某个温度，土地便开始结冻，尘土参杂了水浆，它便作了烂泥巴，完全遵照神所设计的功用来行事。

大地并未参与宇宙叛变的行动，大地本身并没有污染的迹象。神不愿意他圣洁的宝座被世人碰触。世人受到邪恶的玷污，他们摆出一副背叛神的姿态，又因他们无法无天的叛逆行为，导致整个受造天地濒临毁灭的绝境；大地、天空以及海洋都一同在劳苦中呻吟，等待着救赎日快快来临。世人啊！神所禁止的，正是世人的触摸。乌撒并不是一位无辜蒙冤的人，神曾事先警告，才处以刑罚。他遭受刑罚是因为他自己违犯诫命，这神圣的制裁行为，并不是神随心所欲而做的。神在那一瞬间所做的事，并不是因他武断专横，也不是因为他有古怪的癖性。但是，他的行动仍然有点异乎寻常。神不由分说地伸手击杀了乌撒，这件事令我们惊讶不已，于是我们立刻由震骇转为愤怒。

为什么乌撒、拿答和亚比户的故事会激起我们愤慨、令我们怒气冲天？这是有原因的。我们发现，我们之所以承受不了，是因为我们未能了解圣经中的四个极重要的观念：圣洁、公义、罪恶以及恩典。我们并不了解何谓成为圣洁。我们不晓得公义是什么，我们不明白什么是罪恶，我们也不清楚恩典为何物。乌撒的故事把神圣的公义呈现在我们眼前，而不是神圣怜悯的例子。除非我们对神圣的公义先有概念，否则我们无法体会出神圣的怜悯。每当圣经提到神的公义时，它往往和神的正直有关。神按照他的正直来施行公义，从来没有公义是出于歪曲的，在神里面也绝没有邪恶的公义。神在他的公义之中，永远表露着他圣洁的属性。

公义这个词在圣经中的意思，是指遵循一项规则或者符合一个典范，神是按照规则行事，他公义的最佳典范，就是他自己的圣洁属性。他的正直有两种类型，我们可以借着神的内在正直和神的外在正直来区别。神所做的一切，总是与他的本性一致。他总是依循圣洁个性而有所行动。神的内在正直是他的属性中最卓越的道德标准。内在正直的源头是基于他绝对纯洁，在他并没有改变，也没有转动的影儿。身为一位圣洁的神，他外头也没有丝毫不圣洁的行为，唯有不圣洁的人类才做得出歪曲不正的事。神是表里一致，公正不阿的。通常世人的不正直，归咎于人类本身就不正直，我们身处歪曲的世代，难怪我们把犯罪的人称为歪曲的人类，此事并非出于偶然，他们之所以被称为歪曲的人类，因为他们的心是歪曲的，他们不是刚正不阿的人，神才是公正不阿的。

神的正直可以从他的外在的言行举止看得出来，这便是他外在的正直。神在无尽无涯的永恒中，从未曾做过一件歪曲不正的事情。他击杀了拿答和亚比户，他击杀了乌撒，他在新约圣经中也以同样的手段来对付亚拿尼亚和撒非喇，这些举动全是出于他正直的审判。圣经清清楚楚地教导我们，神是宇宙中至高无上的审判者。

我们读完了乌撒的故事之后，所产生的疑问是：神有资格来担任这份击杀的工作吗？为了要有效地审判天地、担任一位至高无上的大法官，他务必来行公义。若是天地间至高无上的大法官不能秉公行义来审判，我们怎能期望伸张正义呢？我们知道世上的审判官都可能贪污败坏，他们贿赂、在法庭上偏袒私己，有时候他们的言行举止近乎愚昧无知，他们常犯下了曲枉无辜的大错。神却不是这样，在他里面没有腐败的情形，没有人能够贿赂他的心。他拒绝偏袒私己，他对待人类均一视同仁。他的作为也绝不愚昧无知，他明察秋毫，绝不曲枉无辜。世人或许会在汽车保险杠张贴"把最高法官华伦伯爵炒鱿鱼"的标语，但是只有傻瓜才会要求弹劾神。

万国之父亚伯拉罕曾经殚精竭虑，想要解决神的公义这个问题。神宣称他将要毁灭所多玛和蛾摩拉这两个城市，他已拟定计划要彻底摧毁这两个城市，包括其中的男女老幼。亚伯拉罕为此心急如焚，他担心这些城市面临神的义怒惩罚时，其中无辜的市民也会遭池鱼之殃。神若要以审判来毁灭这些城市，那么亚伯拉罕唯恐这个审判会不分青红皂白，就好像老师为了班上某一位学生的过失，而责罚全班同学那种情形一样：

> 亚伯拉罕进前来说："无论善恶，你都要剿灭吗？假如那城里有五十个义人，你还剿灭那地方吗？不为城里这五十个义人饶恕其中的人吗？将义人与恶人同杀，将义人与恶人一样看待，这断不是你所行的。审判全地的主岂不行公义吗？"（创18：23-25）

"审判全地的主岂不行公义吗？"这是人类所提出来的最尖锐的问题。亚伯拉罕认为，神万万不能不分青红皂白就把正直的人和邪恶的人一同剿灭。"这断不是你所行的……"亚伯拉罕心中也失去了准绳，毕竟这件事和神一贯的作风有极大的差别。神从来不会滥杀无辜，让他们和有罪的人一同灭亡。万一神真的这么做了，他就不再圣洁了，也将从此告别神的身份。神非常愿意和亚伯拉罕站在同一阵线，因此他说，假如亚伯拉罕能在其中找到五十位义人，他将饶恕整个城市——即使只找到三十位，或者只有十位义人，他也会为了他们的缘故，饶恕这个城。到了这个地步，亚伯拉罕的任务已经减轻了百分之八十。此时亚伯拉罕所要做的，只是去找出十位义人，神就会饶恕整个城市。我们将这段经文的含义引申，可以断言说，假如亚伯拉罕只找到一位义人，神也会因这一人的缘故，饶恕这个城市。但所多玛和蛾摩拉的下场如何？

> 亚伯拉罕清早起来，到了他从前站在耶和华面前的地方，向所多玛和蛾摩拉与平原的全地观看，不料，那地方烟气上腾，如同烧窑一般。（创19：27-28）

审判大地的主，确实行了公义。没有一位无辜的百姓遭池鱼之殃。神的公义绝不偏离他正直的轨道，他从未定无辜的人为有罪，对犯罪的人也从未豁免其罪责。他从未以严苛的极刑来惩罚人，他也从未遗漏正直人应得的奖赏；他的公义是完美无疵的。神并非一成不变地秉行公义，有时候他也赐下怜悯。既是怜悯，那就不是公义了。但怜悯也不是不公不义——不公不义是与正直大不相同的，怜悯是仁爱和恩典的发扬光大，并且与正直的原则不相违背。我们有可能看见神里面有非公义的一面，这就是神的怜悯。然而，我们从未曾看见神里面有任何不公义的迹象。我们不禁再度起疑：究竟旧约圣经和新约圣经之间，在语气方面明显的差异又当如何解释呢？旧约圣经中所启示的神，似乎比新约圣经中的神更严酷。让我们仔细酌量旧约圣经中关于死刑的惩罚条例。旧约圣经中列举了数不清的死刑罪名，其中包括有下列诸项：

殴打父母、咒诅父母、亵渎供奉的祭物、谋杀、绑架、勒索、敬拜偶像、以幼童为祭物、僭越犯上、不守安息日、行巫术、通灵交鬼、不合法离婚、同性交合、血亲乱伦、暴戾兽行、滥污处女、奸淫掠夺、说假预言、拒绝服从祭司法官的裁决、在人命关天的案子中作假见证、贩卖人口为奴隶。

这些只是旧约圣经中定为死刑的一小部分罪名。在这个表列中的每一条，与新约的语气大不相同，似乎显得异常严苛。几年以前，《时代》杂志中报导了一件发生在马里兰州的意外事故，有一位卡车司机因为酒醉驾车和不服从交通指挥而遭逮捕。当警方人员赶到了现场逮捕该犯的时候，他开始以恶言羞辱警察。他的态度蛮横而嚣张，口不择言，把警察骂得体无完肤。警察被他的滥骂激怒了。当这个人被带到治安官员面前时，他仍然口出恶言，不断地叫骂着。然而，治安官员最多只能因他的酒醉驾车和不服从交通指挥，而判他罚款美金一百元，再加上三十天的牢狱之灾而已。治安官员当时被激怒得咬牙切齿，他恨不得把六法全书摔在他身上。他在一些有关法律的书籍中，找到了一条马里兰州当地的古老法律条文，这项条文早已废置不用了，但是从未被撤销掉。这项条文明令禁止在大庭广众之下的谩骂冒犯。因为这个人当众冒犯尊长，破口大骂警方人员，脱口说出亵渎上帝的言词，于是治安官员便另外加上美金一百元的罚款，并外加三十天的监禁。

《时代》杂志的编辑本着伸张正义的立场，报导了这次事件。他愤愤不平的原因，是认为以监禁六十天和外加二百元美金的罚款来惩戒这个犯人，是有欠公平的。他觉得这种处罚太严厉了，这个判决就像苛政一样。我们可以很明显地看出，这位新闻编辑并不是因为加诸于酒醉驾驶和不服从交通规则的处罚，而口诛笔伐。他所无法忍受的，是亵渎这种行为竟也要绳之以法。这些法令条文和神为以色列人制定的法典截然不同。这位卡车司机应该庆幸自己并没有落在亚伦的手中，因为在旧约圣经中，以色列最尊贵的律法对于公然亵渎这个罪，不会仅仅判处一百元美金的罚款而已。今日我们面临的问题是：一个酒鬼肇事与公然污辱一位圣洁之神的尊严，这两件事究竟哪一件严重？《时代》杂志的新闻编辑有他的看法，神却给我们一个完全不同的答案。倘若旧约圣经中的各种诫令在今天仍具有法定效力，那么每一家电视广播的负责人，早就该被判刑了。

不可否认，在新约圣经中因犯罪而遭击杀的例子，似乎显著减少。两者比较起来，旧约圣经显得异常严酷。然而，我们却忽略了一件事情，就是旧约圣经中所列举的诸项死罪，只是从原始罪案例中，经过大量删减的一些代表性罪状而已。旧约圣经中的法典，代表着一种迎合神圣的忍耐和神圣的宽容的倾向。旧约圣经中的律法是一种奇异的恩典。奇异的恩典？我宁愿再重复一次，旧约圣经中所列举的诸项死罪，只是从原始的死罪案例中，经过大量裁减的一些代表性罪状而已，这些都是我们难以度量的恩典。

旧约圣经中所记载的，主要是神所赐下的恩典。何以见得？为了替我本人的奇想找着合理的解释，我们必须从头追溯到这个宇宙中最初的一切规律，按照最原始的创造秩序来看罪的刑罚是什么。"凡是犯了罪的，他们的灵魂必要死。"在这个受造的天地之中，所有的罪都是该死的。每一项罪恶都是死刑。在受造的天地之中，神并没有义务赋予我们生命为礼物。他并未亏负我们任何东西。由于他的恩典，他赐我们生命当作礼物，并且因着他神圣的权柄，这个礼物也臣服于他的命令之下。

人类在受造的天地之中所要肩负的任务，是要做一位圣洁的见证人，要当神形象的继承人。我们受造是为了要成为一面镜子，反映出神的圣洁，我们是要被塑造成他的使节。神把人类摆在一个考验上，告诉他："假如你犯了罪，你就必要死。"罪使我们蒙受莫大的亏损，使我们丧失了这一份生命的礼物。罪恶剥夺了我们生命的权利，一个人一旦犯了罪，他就失去了求神赐予生命的权利。现在我们碰到了一个大问题：在这个受造的天地中，究竟是以什么尺度来厘定犯罪的刑罚呢？这个刑罚是否完全符合这一句话："假如"你犯了罪，那么有一天你将会死？不！神斩钉截铁地申明了罪的刑罚："你吃的日子必定死。"在这个受造的天地中，罪的刑罚不仅仅是死亡而已，也是刻不容缓的当场死亡，就是在犯罪的当天死亡：就像拿答和亚比户的死，令人措手不及；就像乌撒被击杀的情形一般，令人如遭晴天霹雳；就像亚拿尼亚和撒非喇立即断气的景象。"你犯罪的那一天，必要死。"

解经家们花了数不清的功夫，企图缓和神这个警告的严重性，于是他们把《创世记》第2章中所提到的死，解释成一种属灵生命的死亡；但是，这种说法并不是那段经文的真正含义，神所说的死，是真正的死亡，是百分之百的"死"。亚当和夏娃在当天确实惨遭属灵的死亡，那却是因为神在死亡的刑罚之中，加上了等量的怜悯。通常我们会说："迟延公义，就是泯灭公义。"这一句话并不十分正确。当我们看到神创造天地和人类堕落这个例子时，我们知道：就是因为神铁面无私的公义迟延了，所以恩典才有机会来促成美事。在这个例子中，迟延公义并非泯灭公义，反而因此奠定了怜悯和恩典的根基。然而，那个死刑既已宣判了，至今它仍牢牢地笼罩在我们身上。

人总不免于一死，或许我们能活到高寿，到七十岁才寿终正寝，但是我们仍然免不了一死，因为我们身上仍然带着死罪的枷锁。我们都排列在死刑犯的队伍中，等待处决。有史以来，施行最大规模的屠杀者，并不是希特勒，也不是斯大林。下手屠杀最多生物的是我们的自然之母。每一个人都是她刀口下的牺牲者，自然之母并非脱离神的命令而独自执行处决，她只是圣洁之神手下的复仇工具。"你犯罪的那一日必要死"。我们觉得这个判决不公吗？让我们好好地想一想吧！神为所有的罪都判处了死刑，就凭这一点，我们可以说神是邪恶的吗？假如你这样认为，你就得当心了，那就表示这个想法是出于你里头堕落的罪恶本性，这个本性就是导致你背上死刑枷锁的主要祸根。

假如你赞成那个说法，你便毁了神的属性。假如你点头称是，你便是抗拒了他的圣洁。假如你认同了那个说法，你便是扬言攻击那一位天地间大公无私的审判者。假如你不表示反对，那是因为你从来未曾认清罪恶的真面目。我们绝不能同意，我们必须坚决反对。将罪恶判处死刑是不公义的吗？绝对不是。要记得，是神甘心乐意地创造了我们。他赋予人类最高的特权，得以身居他形象的继承人。他创造了我们，使我们的地位只比天使卑微了一点。他慷慨地赐给我们统辖全地的权利，我们不是乌龟、不是萤火虫、不是毛毛虫、也不是土狼，我们是人。我们是背负这位圣洁而崇高的宇宙君王形象的继承人。

然而，我们并未按照神的旨意，来运用这份生命礼物。在这个星球上，生命变成了一个竞技场，而我们每天都参与了场内的宇宙性叛变。我们所犯的罪，远比本尼迪克特·阿诺德（Benedict Arnold）[①]所犯的叛国罪还要严重，破坏性更剧烈。世界上没有一位叛臣、也没有一位卖国贼的恶行，胜过我们背叛神的邪恶程度。

罪是一种普世的叛变。罪令我们背叛一位完美无疵的至高者。罪是一种万恶不赦的忘恩负义的态度，使我们违逆那位把万有和生命赐给我们的神。那些最轻微的是什么？那些最微不足道的小过失是什么？你曾经思考过它们更进一层的含义吗？当我们在一些小节上违背神的旨意时，我们将如何面对创造主呢？此时，我们正朝他的正直还以一击。我们无异是厚颜地说："神啊！你的律法并不恰当。我的判断下得比你还准确。你的权柄管不到我的头上。我可以逍遥于你的审判权之外。我有权随心所欲，我也有权听命于你。"

连一个最轻微的罪，都是一种藐视神的主权的举动。罪是一种叛逆的行为，是一种反叛主恩的行为。对神的圣洁而言，是一种污辱。罪使我们成了一位假见证人。身为拥有神形象的继承人，若我们犯了

---

① 本尼迪克特·阿诺德（1741—1801）是美国独立战争革命家和军事家。1775 年他在马萨诸塞的莱克星顿爆发战争时候志愿从戎，参加殖民地人民对英国人的战争，他作战英勇，屡负重伤，官位终至少将，因为残废调往费城，接着为奢侈生活弄钱而破坏州和军规。1779 年他向英国方面出卖美军情报。1780 年 9 月阴谋通敌的计划败露后脱逃，后来作为英军的一名准将，1781 年率兵对康涅狄格的新伦敦进行袭击，在伦敦度过余生。阿诺德被乔治·华盛顿判处缺席死刑。他的叛国行为为人所不齿。

罪，无异是告诉整个受造的天地、整个大自然及一切飞禽走兽："这就是神的形象，这些行为就是造物主的作风。看一看我们这面镜子，瞧一瞧我们的德性，你就可以一窥这位全能者的属性。"这等于是告诉这个世界："神是贪婪的，神是蛮横无理的，神是刻薄寡恩的，神是一位杀人凶手，是一位窃贼，是一位造谣中伤人的，是一位奸夫。神就是集合我们众人所作所为的神。"

当世人在罪恶中同流合污的时候，他们就想谋夺王位，这就是罪恶滔天的大阴谋，我们重涎皇冠、图谋篡夺王位，并且毫不讳言地对神说："我们不欢迎你来统治我们。"让我们看看《诗篇》作者是怎么描述的：

> 外邦为什么争闹？
> 万民为什么谋算虚妄的事？
> 世上的君王一齐起来，
> 臣宰一同商议，
> 要敌挡耶和华并他的受膏者，
> 说："我们要挣开他们的捆绑，
> 脱去他们的绳索。"（诗2：1-3）

当我们犯罪，我们不仅违抗了神，我们彼此之间也会起冲突，罪恶深深地伤害了人们，这并不抽象难懂；因着我所犯的罪，我伤害了别人，我伤害了他们的人格，我掳掠了他们的财产，我贬损了他们的名誉，我剥夺了他们生命中的一个尊贵品格，我粉碎了他们追寻幸福的美梦和渴望。当我失去了神的荣耀，我也同时羞辱了拥有神形象的人类。如此你还会奇怪，为什么罪在神的眼中是如此严重？汉斯·昆（Hans Küng）是一位好逞口舌之能的罗马天主教神学家，他曾经论述，神在旧约圣经中对罪所实施的种种严酷惩戒。他谈到，罪的怪异之处不在于罪人配得死亡，而是正常情况下，罪人竟然还活着。他一语道破问题的重心。问题的重点不在神为什么要刑罚人，而在于他为什么继续容忍人们日益高涨的反叛潮流。面对这一群执迷不悟的暴民乱众，却仍对他们的抗逆显出最大的耐心，这究竟是怎样的一位君主？又是怎样的一位统帅呢？

汉斯·昆的研究中有一个重点，就是他提到罪人在现今情势下，依然还活着。将他的话引申，即长久的忍耐是神一贯的作风。他的的确确是恒久忍耐、长久宽容，又不轻易发怒。事实上，正因为他总是迟延震怒，以致当他一旦倾泻了怒气，我们就由一种受到震慑的情绪，生出一股受到侵犯的反面情绪。才一转眼，我们就忘了神的容忍是出于他的计划，是要引领我们悔改，以便我们拥有宽裕的时间来获得救赎的恩泽。然而，我们反而滥用了这个恩典，趁机放纵犯罪。我们自己欺哄自己，认为神不在乎我们犯罪的光景，他也没有能力来惩罚我们。我们还有另一种荒谬的想法，认为我们可以设法逃避这场叛变所带来的惩罚。

旧约圣经所记载的历史主角，绝不是一位严酷无情的神，而是一位心怀良善忍耐的神。旧约圣经记载了一个始终顽梗的民族的历史，这个民族三番两次悖逆神，后来沦为异族的奴隶，于是他们向神哭泣求救。神垂听了他们的哀求，遂采取行动拯救他们。神为他们在红海分开了一条道路，救他们脱离捆绑，但他们竟以跪拜金牛犊来回报他的救恩。我们还必须面对征服这个难题。神在那个地方清清楚楚地吩咐他们：无论是男女老幼，均格杀勿论。这一块应许的美地，是借着一把血淋淋的刀、一把淌着婴孩和妇人鲜血的剑，赐给以色列人的。这一道喋血令是直接由神发出的：

> 耶和华你神领你进入要得为业之地，从你面前赶出许多国民，就是赫人、革迦撒人、亚摩利人、迦南人、比利洗人、希未人、耶布斯人，共七国的民，都比你强大。耶和华你神将他们交给你击杀，那时你要把他们灭绝净尽，不可与他们立约，

也不可怜恤他们（申7：1-2）。

为什么神要下这道命令？他怎么可能下令屠杀妇孺呢？此时我们再一次发现，有许多现代学者尝试对这个事件轻描淡写。在美国有一个大教派为高中学生提供了一门课程，课程中提到：根据新约圣经所启示的神的爱，可知神从来没有发出这道弑血黩武的命令。他们说，旧约圣经只是记载希伯来民族中有一支原始而好战的小宗派，这一群人试图以神圣的制裁为口实，来强迫执行种种暴虐无道的政策。

编译这一门课程的作者们，并不相信神曾经下了那一道命令。这个例证足以说明，有许多人试图把神话传奇掺杂在圣经的记载中。这种诠释方式忽略了事情本身的重大因素。首先，在占领迦南之前，在历史上有一个残酷千万倍的前车之鉴——洪水。神借着洪水淹没了世界上所有的活口，只存留了挪亚和他一家人。

从某种意义上来说，大洪水也是一种"占领迦南"的战略。这件事情背后仍然存在着一个事关紧要的问题，就是人们未能明了罪的本性。这些解经家以为，神不分青红皂白地扫荡了迦南地中许多无辜的人民。事实上，迦南地上没有一位妇女幼童是无辜的受害者。迦南地上居住着成千上万的老幼妇孺，但是其中没有一位是清白无辜的。神的用心明明白白地告诉以色列人，他们本身并不是清白无辜的。这件事情并不是神为了一个正直民族，而歼灭了另一个邪恶的民族。对待迦南地的百姓，神以公义的审判倾注在他们身上，对待以色列人，神却浇灌了神怜悯的恩典。神迫不及待地提醒犹太人：

> 耶和华你的神将这些国民从你面前撵出以后，你心里不可说："耶和华将我领进来得这地，是因为我的义。"其实耶和华将他们从你面前赶出去，是因他们的恶。你进去得他们的地，并不是因你的义，也不是因你心里正直，乃是因这些国民的恶，耶和华你的神将他们从你面前赶出去，又因耶和华要坚

定他向你列祖亚伯拉罕、以撒、雅各起誓所应许的话。

你当知道，耶和华你神将这美地赐你为业，并不是因你的义，你本是硬着颈项的百姓。（申9：4-6）

神在这一段信息中，一连三天提醒以色列人，他并不是因为以色列人的正直才歼灭迦南人。他要澄清他的意思。或许以色列人一厢情愿地擅自下了结论，认为神站在他们那一边，因为他们比那些外邦异族优秀；但神口中的宣告却推翻了他们的假想。占领迦南地这件事情的核心，是在于神的圣洁。神之所以命令这一次的屠杀举动，正是因为他的圣洁。就某一方面而言，是他出手惩罚那些迦南人，因为他们天天为非作歹，不断污辱他的圣洁。另一方面，是神为了圣洁的目的，他要预备一块美地和一个国度。神吩咐以色列人，对待那地的居民绝对不可手下留情。他也解释了其中的原因：

不可与他们结亲，不可将你的女儿嫁他们的儿子；也不可叫你的儿子娶他们的女儿，因为他必使你儿子转离不跟从主，去侍奉别神，以致耶和华的怒气向你们发作，就速速地将你们灭绝。你们却要这样待他们：拆毁他们的祭坛，打碎他们的柱像，砍下他们的木偶，用火焚烧他们雕刻的偶像。因为你归耶和华你神为圣洁的民，耶和华你神从地上的万民中拣选你，特作自己的子民。（申7：3-6）

神拣选以色列人，并不是因为他们已经具备了圣洁的条件。他拣选他们，是为了要叫他们成为圣洁。以色列民蒙呼召要成为圣洁，这句话有两层意义：她蒙呼召是为了要从地上万族中分别出来；她蒙呼召是为要成为一个专司特殊用途的工具，神要借着她成就他的救赎计划。她蒙呼召要成为圣洁的意义，也是为了要成为圣洁。在她当中绝对不可以有任何外邦的信仰仪式。她要借着亲近神的生活被分别为圣。地上万民所赖以得救的赎价要从以色列民中付出。这块应许美地是要成为孕育这一位将要来临的救赎主弥赛亚的母地。在这块地上不容许有任何异邦的神龛或者任何外族的祭祀礼俗。为了日后的救赎计划，神命定了一道烧焦大地的措施，以便洗涤这一块应许之地。

对旧约圣经中所发现的种种神圣公义的制裁举动，我们已经花了许多篇幅来探讨，我们一直想要澄清神的公义既非突发奇想，也不是出人意外之举。但我们还必须强调一点，就是旧约圣经里的神和新约圣经里的神之间，并没有真正的矛盾。基督称之为"父啊"的神，正是旧约圣经的这一位神。这一位亚伯拉罕、以撒、雅各的神，他爱世人，把耶稣献上当作活祭，以成就他的旨意。就是这一位击杀了拿答、亚比户和乌撒的神，正是他的热心献上了基督。就是这一位以洪水毁灭全地的神，他向我们倾注了他的恩泽。

我们可以从圣经所记载的一件最残暴的神圣报复行动中，多少看出新旧约之间有一个错误的矛盾。这一个矛盾不是发生在旧约圣经中，而是新约圣经中，神的震怒和公义发泄得最猛烈的地方，是在十字架上。世界上最有权利抱怨遭受不公平待遇的人，就是耶稣。他是神所惩罚的众人中，唯一无辜的人。假如我们要为神的震怒愤愤不平，还不如让我们为基督的十字架不平，因为这才是我们应当打抱不平的焦点。假如我们要为道德的沦亡大发议论的话，让我们把箭头指向各各他吧！在神的震怒中，十字架拥有最叫毛骨悚然又最皎洁清丽的两面性。它象征历史上最公义又最恩慈的举动。倘若当初不是耶稣心甘情愿地把世人的罪背在自己的身上，那么神刑罚耶稣的判决，必然是比不公不义还有过之而无不及，他必然是一位残暴无度的神。正当耶稣做了那个决定，正当他志愿成为神的羔羊，担负了我们的罪时，他却摇身一变，成为这个星球上最古怪、最惹人嫌恶的角色。由于耶稣所承担的罪孽，是集合众罪于一身的渊薮，因此他成为父神的眼中钉、肉中刺。神的震怒便倾泻在这个代罪羔羊身上。神使基督所背负的罪孽成为他责无旁贷的罪状。

在这一件事上，我们看见神完完全全地展现了他神圣的公义。然而，他所做的是为了我们。他一手承担了我们理当为公义付上的代价，十字架背后所意味的"担待"含意，正足以证明神恩浩荡。十字架是公义和恩典的表征，是神的震怒，却也是他的怜悯。它的奥秘不是我们所能测度的，我们只能拍案叫绝了。神的公义之所以令我们退避三尺，因为它表达的方式令我们感到讶异。就像汉斯·昆所说的，神的一贯作风是施以恩典，因此恩典不再激起我们的好奇和感恩。我们身在恩典中，遂习以为常，认为自己理所当然承受恩典。

或许在公义的教诲中，我们可以发现这种态度的最佳例子：

> 正当那时，有人将彼拉多使加利利人的血搀杂在他们祭物中的事告诉耶稣。耶稣说："你们以为这些加利利人比众加利利人更有罪，所以受这害吗？我告诉你们，不是的。你们若不悔改，都要如此灭亡！从前西罗亚楼倒塌了，压死十八个人，你们以为那些人比一切住在耶路撒冷的人更有罪吗？我告诉你们，不是的。你们若不悔改，都要如此灭亡！"（路13：1-5）

这段经文是耶稣所说"难懂的话"之中，最令人费解的话之一。这段话中有一个大问号："那些惨遭彼拉多屠杀的人，究竟犯了什么罪？那些被倒塌的阁楼压死的人，他们又闯了什么祸呢？当这些事故发生的时候，神又在哪里呢？"人们真正想要问的问题是：神怎么可能任凭这些意外事故发生呢？实际上，这个问题等于是一个无言的控诉。

争论的焦点就是我们再三提到的：神怎么可能容许无辜的百姓遭受迫害？我们可以从这个问题中，隐约听见一个潜伏的反抗意识。这十八位无辜的百姓各有所思地沿着街道走着，忙着要办自己的事。他们并未加入那些无所事事的旁观者行列，闲来无事地看工人拆建房屋。他们也没有缠着那些水泥工问东问西，他们也未曾因为抢劫银行而四处逃逸。他们只是碰巧在那个错误的时刻来到一个错误的现场，结局竟是平白无故地遭殃。

或许当时他们期待耶稣说："我听到这件意外悲剧，心里觉得非常难过。这种事情是常有的，而我们也是爱莫能助呀！他们死于非命是命中注定的，一个好的基督徒，就必须学习以乐观的态度来接受恶劣的现实。要有骨气，宁死不屈。要有坚忍克己的精神！

我知道我曾经教导你们：保护以色列的，也不打盹，也不睡觉，但是那句话只是一种文学的措辞，稍微夸张了一点。你们要了解：我的父神要料理宇宙中一切大大小小的事情，那要花费他多少心血啊？他做久了难免会精疲力竭，偶尔也必须打个小盹。事情发生的当天下午，他感到非常疲倦，于是匆匆地眨了四十下眼睛。正当他打盹的时候，那栋阁楼倒塌了。发生了这种事情，我心里真的觉得很难过，我会把你们的伤恸之情转告给他的。我会拜托他以后务必要小心一点。"耶稣或许会说："我知道我曾经告诉你们，我的父神若是不许，连一只麻雀也不能掉在地上，就是你们的头发也都被数过了。你们可曾知道，苍天之下有多少只麻雀在飞翔着？更何况千千万万人的头发数目！阁楼倒塌的时候，父神正忙着算一位家伙头上的浓密粗发。由于他太专心算那人的头发，以致他没有注意到那栋快要倒塌的阁楼。我会提醒他注意事情的先后缓急，免得他花了这么多功夫在麻雀和头发这些琐事上。"然而，前面这些话都不是耶稣所说的。他所说的是："你们若不悔改，都要如此灭亡。"耶稣真正的意思是："你们都问错了问题。你们应该问我：'为什么那一栋阁楼没倒塌在我头上？'"他责备百姓把应该讶异的地方弄错了。

在我执教神学二十年之中，有数不清的学生问我：为什么神不拯救每一个人？然而，有一次，一位学生跑来找我说："有一件事一直令我百思不解：为什么神要救赎我呢？"其实，神救赎了我们这件事，并未令我们真正感到讶异。因为在我们内心深处潜藏着一种概念，认为是神在他的怜悯上亏欠我们。假如我们被摒弃在天门之外，天堂就不再是一个乐园仙境了。我们知道自己是罪人，但是我们确信自己并没有坏到不可救药的地步。在我们的人格特征中，有许许多多值得救赎的优点，因此，假如神真的公义的话，他在他的救赎计划中一定会把我列在榜上。令我们受宠若惊的不是恩典，而是神的公义。

当我执教大学的时候，有一种趋势令我印象非常深刻，就是我们都有把承受恩典视为理所当然的倾向。当我在一所基督教大学任教的时候，我曾经被分派去教授大一学生旧约圣经，修那一门课程的同学共有250位。上课的第一天，我把课程进度表仔细看了一遍。根据我多年的教书经验，我知道我必须费一番唇舌向同学们解释有关期中各种报告的注意事项。

这一门课程共需要三份短篇报告。我向同学们声明，第一篇报告限9月最后一天的中午以前，交到我的办公桌。绝对不准迟交。除非身染重疾，住在医院里，无法完成报告；或者近亲有人去世。凡是不按时交报告的同学，他们第一次期中考的成绩就是50分。同学们都纷纷表示他们听懂了这些规定。到了9月的最后一天，有225位同学按时交出报告。而其他25位同学胆战心惊地站着发抖，心中充满了懊恼。他们苦苦哀求我说："教授，我们真的很抱歉。我们没有把时间分配好，我们还没有完全适应由高中生摇身一变为大学生的这个过渡期。拜托，别把我们的成绩打成了50分。拜托您啊！拜托您准我们迟交吧！"我一时起了恻隐之心，于是答应了他们的要求。我说："好把。我这一次放你们一马。但是，千万记住，下一次交作业的最后期限，是在10月的最后一天。"于是，同学们摆出了一副感激涕零的模样，坚称下一次一定准时交报告。

一眨眼的功夫，就到了10月的最后一天了，有200位同学带着他们的报告来上课，另外50位同学空着手来见我，个个紧张兮兮的，却仍是一副嘻皮笑脸的模样。当我问起报告的下落时，他们又是一副悔不当初的模样。"教授大人，那个星期刚好是探亲周。此外，现在正好是期中考试的热潮，其他科目的作业全都凑在这个时候要交齐，拜托您网开一面，再给我们一个机会。我们保证下不为例。"我再次对他们大发慈悲，说："好吧，但是，这是最后一次。假如下一篇报告你们还是迟交，我只好不客气地给你们50分了。我们先小人后君子，下次没有人可以找借口，也不用打抱不平。铁定50分。听清楚了吗？""一切遵命，真是太棒了。"就在那个时候，班上的同学开始高声唱道："教授，我们都爱您，这是我们的真心话。"那时候我成了人见人爱的好好先生。

你猜猜看，在11月的最后一天发生了什么事？我想你猜对了。只有150位学生带着报告来上课，其他100位学生若无其事地踱进演讲厅。我问他们："你们的报告呢？"有一位同学自告奋勇地说："教授，请您别担心，正在赶工。我们可以在几天之内，不费吹灰之力把报告交给您。"我拿起那一本黑色的要命成绩单手册，开始一一记下他们的名字。"约翰逊！你的报告交了没有？"下面传来一声答复："报告老师，我还没交。"我就说"50分"，同时也把成绩登记在册子上。"马丹尼！你有没有交学期报告？"又来了一个依样画葫芦的答复："报告老师，没有。"我在册子上记上了另一个50分。同学们开始有愤怒的激烈反应，他们纷纷起哄抗议，高声叫着："教授不公平！"我盯着其中一位吼声如雷的同学，问他："赖瑞！你认为老师这么做不公平吗？"他振振有辞地怒声回答："不公平！""我懂了。你希望我给你们一个公道，对不对？我还记得上次的报告你也迟交了。如果你坚持要我给你一个公道，那么你就理所当然该得50分。我不但要把你这一次的作业打成50分，我还要照你实际该得的成绩，把你上次的成绩改成50分。"这位学生吓得哑口无言，他不再嘀嘀咕咕地强辩了。他为刚才的失礼道歉，并且见风转舵地说，他宁愿只拿一个50分就好了，千万别让他有两个50分。

学生们早就认为我手下留情是理所当然的，他们毫无忌惮地滥用了我的恻隐之心。一旦公义问政，他们就惊慌失措了。公义的来势犹如晴天霹雳，惹得他们怒气冲天。这件事情之所以发生，只因为我在两个月中间，动了两次恻隐之心的缘故。

神的作为所包含的怜悯，远比我在学生的学期报告上略施小惠还丰盛。旧约圣经的历史横跨了千百年的岁月，在那一段漫长岁月中，神的怜悯就从来没有间断过。当他的大审判临到拿答和乌撒的身上时，所引起的回响竟是震怒和愤怒。我们总是期望神怜悯我们，根据这个立场，我们就可以轻而易举地进行下一步——求神怜悯我们。当我们不能如愿以偿时，我们的第一个反应就是向神发脾气，并且抗议说："这不公平啊！"我们竟然这么健忘：当我们犯第一个罪的时候，我们就已经丧失了获得这一份生命礼物的权利。今天早晨我还能吸一口新鲜的空气，那是出于神的怜悯。神并不亏欠我任何东西，而是我处处都欠了他的恩情。假如今天下午他容许一栋楼刚好倒塌在我头上，我绝不能为此而喊冤。令我们困惑的一个基本问题是，我们搞不清楚公义和怜悯之间的关系。

我们活在世上，处处可以见到不公不义的事。事情发生在我们的人际关系之中。每个人总难免会成为别人手下的牺牲品，有时我们也会陷别人于不义。人与人之间尽是倾轧欺凌，但唯有一件事是毋庸置疑的：无论我在世人的手中蒙受多少不白之冤，但是神从来没有对我做过一件不义的事。我们做一个假设：有一个人诬告我偷了他的钱，使我卷入一场诉讼，然后他们把我逮捕入狱。我不幸沦为这个显然是不公正的裁决的牺牲品，我的人际关系深受影响，这时我当然有权向神诉冤，并且向世人讨回公道。我可以检举他们不合情理地迫害我，神的震怒就会临到那些曲枉实情、又把我打入牢狱之中的人。神应许在将来某一天要替我洗雪冤屈，还我公道。

在这个世界上，不公不义的现象是确实存在的，并且每天都发生着。令我们深以为苦的不公平待遇全都是一种水平的关系，这种现象是由世界上的各类演员粉墨登场，在彼此的相处中施展出来的。然而却有一位大法官高居这个世界之上，我们跟他的关系是垂直的。在这个垂直的关系之下，我从来没吃过不合情理的苦头。虽然世人常以恶言厉色待我，但是神从来没虐待过我。而神之所以容许我的同胞蹂躏我的心灵，正是出于他一视同仁的公义。或许我会向神抱怨，向神倾吐自己惨遭同胞在水平关系中所给予的无理攻击，然而在这种时刻，我依然不能贸然控告神在我们的垂直关系中待我不公。即使神容许我背个黑锅，使我一辈子在暗无天地的监狱中度尽，但神在这件事的背后，依然是百分之百公义的。

或许在世人的眼光中，我可能是清白无辜的，但是在神面前，我永远是个罪魁。我们经常会为自己所遭受的不白之冤归咎于神，并且让一种苦毒的情感在我们的心灵中滋长。我们埋怨神对我们不公平，即使我们明白了神的慈爱，我们仍然会认为他向我们保留了某些程度的慈爱。我们自以为配得更多恩典。请你把最后一句再读一遍：我们配得更多恩典。这个句子有什么不对劲的地方吗？依它的语法结构来看，那是无懈可击的，这个句子中有一个主语、一个动词，还有一个宾语。编辑们不需要拿着红笔来圈出它的语法毛病。但是，按照这个句子的含义来说，它却是错得太离谱了。任何一个人在任何环境之下、在任何情势之中，都绝不可能配得任何恩典。

恩典的定义就是一种本来不该得到的额外赏赐。我们的话题扯上了配得与否这个问题，我们所谈的就不再是恩典了，我们所说的变成了公义，只有公义可以用配得与否来衡量。然而，神并没有施行怜悯的意义。神并不"亏欠"我们任何恩典，他不只一次地提醒我们："我要怜悯谁，就怜悯谁"（罗9:15）。这是一项神圣的赦免特权。神为了他自己保留了实施最高特赦的权利。举个例子：有10个人犯了罪，他们的罪行是一模一样的。假如神严惩了其中5个罪人，却对另外5个罪人宽宏大量，这是否有失公义的原则？绝对不是！在这种情况之中，有5个人得到了公义的制裁，而另外的5个人蒙受了赦免的恩典，却没有1个人遭受不白之冤。然而，我们都有一种出于自然的想法：假如神怜悯了其中的5个人，他也必怜悯其他的5个人，为什么？神从来没有施行怜悯的义务啊！假如他怜悯了这10个人之中的9个人，那么第10个人也无从埋怨自己何以沦为不公不义的牺牲品。

神从来不欠人什么怜悯，神也没有义务一定要对人一视同仁。或许我最好再重申一遍：神绝对没有义务一定要一视同仁。假如在他对我们的态度之中，掺杂了一点不合情理的行为，那么我们就可以理直气壮地抱怨神了。然而，我们只为了他对我们邻舍施予怜悯，而抱怨我们失去了得怜悯的权利。让我们再一次牢记在心，怜悯是出于自愿的："我要怜悯谁，就怜悯谁"（罗9:15）。我从神的手中只可能得到两种东西：一是公义，二是怜悯。我从来没在他的手下蒙受任何不白之冤。或许我们可以祈求神帮助我们在世人手中得到合理公平的待遇，但是我们绝不可能愚蠢地祈求他按照他的公义来对待我们。

我曾经警告我的学生："千万不要祈求他按照他的公义来对待你——公义的降临很可能会令你消受不了。"就是由于我们对于公义和怜悯两者之间的困惑，我们在读到拿答、亚比户以及乌撒等人的故事时，莫不畏惧三分。因此，当神的公义降临在世人身上时，我们个个都觉得很不平，因为我们认为神理当永远怜悯我们。我们不能把他的恩典视为理所当然的礼物。我们绝不能让自己失去了知恩图报的悟性。我们常常唱一首诗歌《奇异恩典》，但我们往往把歌词唱成了：

> 奇异公义，残酷而锐利，
> 陷我此圣徒残废：
> 前我忠良，今下场堪怜——
> 西罗亚楼塌压在我身上！

记得在我所研习的布道学课程中，我以一篇《应用证道》为我的信息内容。在这一篇证道之中，我极力颂扬神的奇妙恩典。就像某一首诗歌所说的，我也提到了"他的恩典是何等浩瀚而没有穷尽……"。当我结束这一篇证道的时候，我的指导教授提出一个问题来考我。他说："史普罗，你是从哪儿得到这个异想天开的念头，认为神的恩典是没有穷尽的？他的恩典真的是百分之百没有极限吗？"他的问题才脱口而出，我就立刻知道自己有麻烦了。我可以把这些灵感来源的诗篇和诗句翻出来作为引证，我却没有办法在圣经中引经据典来证明神的恩典是没有极限的。

为什么我无法在圣经中找到任何章节来支持这一句话？原因是：圣经中根本没有这种说法。圣经并没有说神的恩典是无穷无尽的。我们知道神是没有极限的，神也是恩慈的。我们有幸得以尝到一位没有极限的神所赐给我们的恩典，但是他的审判并非无穷无尽的。神为他自己的忍耐和宽容定下了极限，神一而再、再而三地警告我们，现在斧子已经放在树根上，迟早斧子会砍下去，神的审判要倾泻在全地上。

由于我们总是把审判视为理所当然的赏赐，我猜神一定觉得有必要时时刻刻对以色列人耳提面命，提醒他们恩典是不容毫无节制地擅自取用的。然而，他的公义会在难得一见却又富戏剧性的情况之下，发挥其声势凌人的威力。神烧灭了拿答和亚比户，击杀了乌撒，他吩咐了一道屠杀迦南地居民的喋血令。这些征兆似乎意味着他正对你我说："小心哪！当你陶醉在我的恩典福分中时，别忘了我的公义审判，别忘了罪恶的严重性，要记得我是圣洁的。"

▪ 让神的圣洁来触及我们的生命

你已经学习并重新发现了神的圣洁，请回答以下问题。用一篇日记来记录你对神的圣洁的回应，或者和朋友讨论你的回应。

1. 神的公义在哪方面使你感到畏惧？在哪方面你感到欣慰？

2. 当你认识到因为罪的缘故你必须死的时候，你的回应是什么？

3. 当你认识到神对公义的要求需要基督去为你而死，你的回应是什么？

4. 神是怎样向你显明他的怜悯的？

第七章

与圣洁的神和好抑或动干戈

倘若人之受造不是为了神，
为什么我们只有回到神的怀抱中，
才有真正的快乐？
倘若人之受造是专为了神，
为什么我们对他总是刀剑相迎？
——帕斯卡（BLAISE PASCAL）

在圣经的记载中，包含了一些人和神较力的故事。以色列这个名字的意思正是"一位和神搏斗的人"。神是圣洁的，他高高在我们之上，他是无与伦比的，然而他是一位能够和我们较力的神。我们在这一场较力的竞赛中，最终的目的不是决一死战，而是和好如初。有些人已经找到了这个真谛，在这一章里，我们将要举一些圣徒的例子，看看他们如何与神展开较力赛，最后却捧着平安的战果出来。我们将一一查考雅各、约伯、哈巴谷以及大数的扫罗，最后我们再来分析与神和好的意义。

雅各是一位生性狡诈的浪荡子，他的名字就是指排挤他人的恶棍。他这个家伙哄骗了父亲，欺蒙了哥哥，并且和母亲串通起来谋夺长子的名分与祝福。真令人难以想象，这位以撒的儿子、亚伯拉罕的孙子竟然是如此一个败类。然而在他的生命过程中，他经历了一次激烈的蜕变，这个故事要从伯特利开始说起：

> 雅各出了别是巴，向哈兰走去。到了一个地方，因为太阳落了，就在那里住宿，便拾起那地方的一块石头枕在头下，在那里躺卧睡了。（创28：10—11）

古时候途经巴勒斯坦的旅程，往往是一次危机四伏的考验。在傍晚时分，人们往往会遇上半路杀出的抢匪，或者是野兽的攻击。在雅各流浪的路上，并没有中途的小车站可以供他歇歇脚、住一宿。他马不停蹄地走，直到太阳西下。在这个时候他只有风餐露宿，睡在满天星斗的夜空下。那一夜他借以安眠的枕头是一块石头。当他安顿好了自己的卧铺，沉沉入睡时，他做了一个梦，从此他生命中的一个蜕变开始了：

> 梦见一个梯子立在地上，梯子的头顶着天，有神的使者在梯子上，上去下来。耶和华站在梯子以上，说："我是耶和华

你祖亚伯拉罕的神，也是以撒的神，我要将你现在躺卧之地赐给你和你的后裔。你的后裔必像地上的尘沙那样多，必向东西南北开展，地上万族必因你和你的后裔得福。我也与你同在，你无论往哪里去，我必保佑你，领你归回这地，总不离弃你，直到我成全了向你所应许的。"（创28：12-15）

通常我们将雅各在异梦中所看见的梯子引述为雅各的"天梯"。它是一座横跨在天地之间的桥梁。在这个事件之前，雅各的日子都在浑浑噩噩的情况下度过，浑然不知属天的事情。他无视神的存在，这个观念根深蒂固。真叫人猜不透，这一位以撒的儿子、亚伯拉罕的孙子，竟是如此"凡俗"。亚伯拉罕曾经与神亲密地谈过话。雅各在年幼的时候，当然应该在围炉庭训时，听他的父亲和祖父谈起当年的往事。他也必然知道关于神吩咐亚伯拉罕往摩利亚的山上去，把以撒献为燔祭的故事。

在此之前，雅各的生活圈只局限在他自己的小天地里。谈起了有关天国的事情，他就觉得兴趣索然，浑然不知所云，他的心思意念全系在尘世中的俗事上，就他个人和天堂的关系而言，天堂和他自己的天地之间，有一道无法跨越的深渊。即使天地之间真的有一位神，那也只是一位和他关系疏远的神，他那么超越凡俗，以致根本不可能和雅各的生命扯上关系。他父母所提到的这一位神，格调太高了，雅各只有摇头嗟叹的份儿了。直到他做了这个梦。在梦中出现了一幅梯子的画面。这个梯子是一个衔接点，介于圣洁和尘俗两个领域之间。

雅各看见梯子上头有好多位天使上上下下地往返着，他们移动的方向是朝着两头进行，从地上到天堂，并从天堂下到地上。这梯子上的交通可以说是络绎不绝，他们从神的面前赶到人的面前。在梯子的顶端，雅各看见了神的身影。神开口与他说话，重新坚定他以前向亚伯拉罕和以撒所承诺的应许。神的应许将要延续到未来的世世代代，这个应许也要传递到雅各身上，他将要成为神所立的薪火相传者。神向雅各保证，无论他往哪里去，他必与他同在，永不离弃他，直到神成全了他所应许的一切。关于雅各的天梯，下文是什么呢？这个异象从此在旧约历史中销声匿迹，经过了好几个世纪均乏人问津。突然间，这个阶梯在新约圣经中再度出现：

> 腓力找着拿但业，对他说："摩西在律法上所写的和众先知所记的那一位，我们遇见了，就是约瑟的儿子拿撒勒人耶稣。"拿但业对他说："拿撒勒还能出什么好的吗？"腓力说："你来看。"耶稣看见拿但业来，就指着他说："看哪，这是个真以色列人，他心里是没有诡诈的。"拿但业对耶稣说："你从哪里知道我呢？"耶稣回答说："腓力还没有招呼你，你在无花果树底下，我就看见你了。"拿但业说："拉比，你是神的儿子，你是以色列的王。"耶稣对他说："因为我说在无花果树底下看见你，你就信吗？你将要看见比这更大的事。"又说："我实实在在地告诉你们，你们将要看见天开了，神的使者上去下来在人子身上。"（约1：45-51）

耶稣对拿但业所说的话，真是一针见血。耶稣在这段话中，表明了他就是雅各的天梯，他就是那一座横跨在天堂和尘世之间的桥梁，他就是连贯在神与人之间的支架，神的众天使就在他的身上上上下下。他使那位恍若隔世的神现身在我们中间。这就是雅各在异梦之中所看到的朦胧景象吗？

雅各从梦中惊醒，吓得哑口无言。他在梦中所看见的异象深深地慑服了他：

> 雅各睡醒了，说："耶和华真在这里！我竟不知道。"就惧怕说："这地方何等可畏！这不是别的，乃是神的殿，也是天的门。"（创28：16-17）

　　"伯特利"是雅各做梦之地，竟也成为一个众所皆知的地名。伯利特这个词在希伯来文的意思是指"神的殿"。当时在那个地方根本找不到会幕，既没有圣殿，也没有教会。雅各却为之命名为"神的殿"，因为圣洁的神在那个地方使他自己闻达于雅各。雅各的这一番话，正使我们这些冥顽的现代人于心有戚戚焉。当今这个世代的人，所思所想的尽都没有神的同在，我们看不到燃烧着的荆棘，也不见云柱火柱的导引，也不见道成肉身的基督在我们中间周游传福音，我们好像遭受遗弃的孙儿，被扔在宇宙这充满敌意、甚至冷漠寡情的浑水中。我们似乎被锁进了一个封闭的世界，既没有出口，也没有梯子可供我们上游于星空中。

　　雅各在做了这个梦之前，也有这种想法。他的话反映了我们这些现代人的处境。"耶和华真在这里，我竟不知道。"神一直都在那里。他并未疏远雅各，反倒是雅各在他的一生中当中一直忽略了神的存在。每一天，有成千上万的人都在自己的生活中，添加了这种忽视神同在的悲剧色彩。神就在这里，只是我们的心窍未开，不曾察觉。当我们忽然明白这种神圣的同在关系，我们的生命就会立即经历到最刻骨铭心的挣扎。这个异梦并未使雅各的争战结束，这只是一个绵延不绝的挣扎的开端。就从那一刻起，他开始为自己的灵魂作战。

　　"这地方何等可畏！"这是雅各发现自己置身在神殿的反应，然而通常人在教会中，并不会产生那种感觉。我们本当战战兢兢地站在至高者面前，然而我们心中并未激起敬畏的情怀，也浑然不知眼前究竟是何许人物。那些心存敬畏的人，却从来不会抱怨，也不会觉得教会是个无聊沉闷的地方。

　　许多学者对于雅各何时经历信仰的蜕变，说法并不一致。有些人断定就是在伯特利那个地方发生的，那时候他经历了一种排山倒海的震撼，察觉了神的同在。另有些人则指出，是在雅各一生的稍晚阶段，就是他和神之间那一场决定性的摔跤：

　　他夜间起来，带着两个妻子、两个使女，并十一个儿子都过了雅博渡口。先打发他们过河，又打发所有的都过去，只剩下雅各一人。有一个人来和他摔跤，直到黎明。那人见自己已胜不过他，就将他的大腿窝摸了一把，雅各的大腿窝正在摔跤的时候就扭了。那人说："天黎明了，容我去吧！"雅各说："你不给我祝福，我就不容你去。"那人说："你名叫什么？"他说："我名叫雅各。"那人说："你的名字不要再叫雅各，要叫以色列，因为你与神与人较力，都得了胜。"雅各问他说："请将你的名告诉我。"那人说："何必问我的名？"于是在那里给雅各祝福。雅各便给那地方起名叫毗努伊勒（就是神之面的意思），意思说："我面对面见了神，我的性命仍得保全。"（创32：22-30）

　　显然，和雅各摔跤的"那人"绝非泛泛之辈——他是神的天使。这场争战相当凶猛，经过彻夜激战之后，摔跤的双方没有一人占上风。最后，这天使迫不得已，使出神的超然力，将雅各的大腿窝摸了一把。雅各所赢得的"胜利"，并不是征服，只是侥幸逃生罢了。雅各跛着足从决斗中退出，从此他就成了瘸子。

　　雅各和天使之间讨论彼此名字，这件事意义非常重大。天使要雅各报上名来，这和我们今天要战败者宣告投降的习俗相似。战斗者报出自己的名字，就表示承认对手赢得优势。报上自己的姓名是一种服输的举动，当雅各在报出自己姓名这方面投降时，他的灵魂也投降了。他释放了他生命中的主权给对方。他投降后却得到了一个新的名字和新的身份——以色列。

　　虽然雅各惨遭败北，但他仍然期望和对方讲和，至少和对方打成平手，以便为他保留一点颜面。即使只要稍稍分出胜负也好。他对天使说："请将你的名告诉我。"请注意在他们彼此交换姓名这件事上的差异：天使要雅各报上名来，雅各便服输投降了；雅各客客气气地要求天使报出姓名，却毫无斩获，这是一种征服的最后手段。我们不可能占了神的上风，我们也不能和他一较高低、分个胜负。当我们和全能者摔跤时，我们必输无疑，他是宇宙中百战皆捷的冠军。

在我们个人与神的争战中，那一位圣洁的神是不可能被击败的。但是，我们仍然可以从中得着一些安慰。雅各和神摔跤之后，仍然保住了他的生命。他虽然惨遭败北，从此终身残废，但是他在战场上仍然侥幸生还。至少我们可以在这里学到一门功课：在我们诚诚实实的挣扎之中，神会参与我们的争战，与我们搏斗。我们可以和圣洁的神摔跤。确实，我们若要从神那里取得脱胎换骨的大能，借以改变我们的生活，我们势必和他摔跤。若我们想要知道顺服的甘甜，我们就必须了解与神彻夜作战的意义。

除了约伯以外，从来没有一个人曾和神进行过滔滔不绝又声嘶力竭的辩论。似乎只有约伯一个人有权向神挑战。神曾经亲口赞扬约伯是个义人，但是约伯依然遭遇了一场叫人惨不忍睹的劫难，把他折磨得苦不堪言。约伯的故事就像一个可怜人在神和撒旦的大战下苟延残喘。神准许约伯面临一个考验，他的所有财产均遭人霸占，他的家庭支离破碎，最后他自己从脚掌到头顶都长了毒疮，使他饱尝摧残的痛楚。他无法从自己的痛苦中寻得喘息的机会，这种肉体上的折磨立刻影响了他的灵魂。

有一次，我和一位正在接受抗癌化学治疗的老妇人谈话。由于这种治疗所引起的副作用，使她呕吐不止，痛苦不堪。我问她在这种情况之下她如何坚持生存的斗志。她坦白回答我说："老实说，当你呕吐得整个头都快要栽进马桶里去时，要当一位基督徒可真难啊！"这位老妇人能够深深地体会肉体和灵魂之间密不可分的关联。当人的肉体遭遇无止尽的折磨时，若要求人的精神攀登上属灵的高原，真是难上加难啊！

约伯却不犯亵渎的罪，他哀声道："他虽杀我，我仍要信他。"

连他的妻子也游说他谋求解决之道，她的劝告简明扼要："你弃掉神，死了吧！"

约伯却不采纳那些容易的逃避方式。他仍然洗耳恭听朋友们的劝解，默默忍受那些愚蠢之辈的辅导，最后他忍不住直接向神挑战。他与神单挑独斗，要为他和我们的苦难找着答案。神的回答竟没有丝毫安慰：

> 那时,耶和华从旋风中回答约伯说："谁用无知的言语使我的旨意暗昧不明？你要如勇士束腰，我问你，你可以指示我。我立大地根基的时候，你在哪里呢？你若有聪明，只管说吧！你若晓得就说，是谁定地的尺度？是谁把准绳拉在其上？地的根基安置在何处？地的角石是谁要安放的？那时，晨星一同歌唱，神的众子也都欢呼。
>
> 海水冲出，如出胎胞，那时谁将它关闭呢？是我用云彩当海的衣服，用幽暗当包裹它的布，为它定界限，又安门和闩，说：'你只可到这里，不可越过；你狂傲的浪要到此止住。'"（伯38：1-11）

这是一道难以作答的口试。约伯恳求神告诉他这些苦难背后的答案为何，神不但避而不答，反而向他提出一连串的诘问。神责怪约伯，竟因着他的愚昧无知，使神的智能蒙上了一层阴影。神似乎告诉过他说："好吧，约伯，你想用问题来考我吗？很好，我会一一答复你的问题，但是在答复之前，我要先问你一些问题。"

神问一大串问题，就像机关枪扫射一样接连而出，一个比一个压得人透不过气来。最后约伯心服口服地说：

> 于是约伯回答耶和华说："我是卑贱的！我用什么回答你呢？只好用手捂口。我说了一次，再不回答；说了两次，就不

再说。"（伯40:3-5）

让我们仔细看看约伯当时的形象。他说他要用手捂住他的口，他要控制这张嘴巴，他用手捂住了他的口，免得从他的嘴唇溜出更多愚昧幼稚的话。他深深觉得懊恼，他竟然以问题向神挑战。他突然领悟自己所说的话全是冒犯神的僭越之辞。他用这三言两语，就把他心中所想的全都说出来了。

但是，这一段诘问仍然有下文。神的口试并未到此结束。他向约伯诘问一长串问题，令约伯瞠目结舌，震慑不已：

> 你岂可废弃我所拟定的？岂可定我有罪，好显自己为义
> 吗？（伯40：8）

在这一句话中，我们洞悉了问题的症结。约伯竟然口无遮拦地向神圣的公义挑战。他的控诉无异是侮辱了这位神圣的神。神的问题萦绕在约伯的耳中："你打算责备我未按正义审判你吗？"毋庸置疑，我们都知道约伯渴望得到一个公平的审判。他的朋友对他无情的控告，令他觉得不堪其扰。他不明白为什么自己的遭遇会如此悲惨不幸。他祈求神给他一个表白的机会，但是他的祈求失去了控制，竟想以神的公义自居。他在这个争辩中画上了一条横线，暗示神或许在这件事上行了恶。神要他不妨直言："你打算定我为有罪的，借以证明你自己是无辜的吗？"

神的诘问犹如一个千斤重担，压在约伯的身上，令他根本无从作答，这些问题几乎令他一蹶不振。最后，他把手移开了嘴唇，再度开口发言。这一次，他的话中再也听不到一句控诉的言语。他违背了自己立誓缄默的诺言，为的只是要开口表明他真心的忏悔：

> 我知道你万事都能作，你的旨意不能拦阻。谁用无知的言

语使你的旨意隐藏呢？我所说的是我不明白的；这些事太奇妙是我不知道的。求你听我，我要说话；我问你，求你指示我。我从前风闻有你，现在亲眼看见你。因此我厌恶自己，在尘土和炉灰中懊悔。（伯42：2-6）

当我们读到约伯这一番话时，我们心中难免有点打抱不平，认为神欺凌弱小的约伯。约伯哭喊着求神给他一个答复，神告诉他，他自会答复约伯的问题。但是，我们发现神的答案一直没有出现。我们必须确定一点，即在神应许赐给他答案之前，神有一个附带的条件要他履行：神要求约伯先回答他的问话。但是，在这一项口试中，约伯考了个不及格，于是神也不揭晓他的答案了。

虽然如此，约伯却感到心满意足。虽然神没有告诉他答案，他的疑问均被搁置一旁，但他得到了一个更妙的答案，这远比任何直接的答案更具有深刻的意义。神不是以言词来答复约伯，而是以他自己来答复。一旦约伯亲眼看见了神，他就不复他求了。此时他愿意把一切细枝末节的事都交在神的手中。当神不再蒙上一层纱把他自己层层包裹起来时，约伯就能够安心地活下去，即使心中仍存有悬疑。当神向约伯显现自己，约伯就急急向神忏悔，以致无暇他顾，更别谈进一步的挑战了。在这个时候，约伯的怨怼之情反射到他自己身上："我厌恶自己，在尘土和炉灰中懊悔。"

我们再来看一位旧约圣经中的人，他也向神提出挑战。先知哈巴谷责怪神，因神的所作所为触犯了他的正义感。这位先知看见神的子民竟落入一个比他们邪恶千倍的异国之手，他不禁为之瞠目结舌。从表面上看起来，神似乎已经背弃了神向以色列人所许下的誓约，成为以色列民族的变节者，转而把他的神圣拥护之手护庇于巴比伦帝国。从哈巴谷的心情我们可以揣摩得出，当纳粹党集体屠杀犹太人时，现代人不禁怀恨：难道神是站在希特勒那一边吗？哈巴谷义正言辞地大声抗议：

> 耶和华啊，我呼求你，你不应允，要到几时呢？我因强暴哀求你，你还不拯救。你为何使我看见罪孽？你为何看着奸恶而不理呢？毁灭和强暴在我面前，又起了争端和相斗的事。因此律法放松，公理也不显明；恶人围困义人，所以公理显然颠倒。（哈1：2-4）

哈巴谷怒气冲天，以致他更进一步地夸大其辞说："公理也不显明。"在这个世界上，的确充满了强暴不义的现象，有待指正，但若说"公理也不显明"，这就未免过于武断。就像约伯一样，哈巴谷也要求神给他一些合理的答复。他前去寻找神，下了战书，准备和神好好较量一番，以求定夺。他站在他的守望楼里，等待全能者送来复函。最后，当神终于开口说话时，哈巴谷的反应也跟约伯一样：

> 我听见耶和华的声音，身体战兢，嘴唇发颤，骨中朽烂；我在所立之处战兢。（哈3:16）

这位先知的反应，就好像一位幼童被父母责备的情形一样。他的心七上八下，双唇也颤抖不已。我们都见过幼童噙着泪水，泫然欲泣的模样。虽然他们一直努力忍住即将涌出的热泪，但是忍不住下唇的颤抖，最后眼泪还是夺眶而出。而在这里有一位成年人，他因为站在神的面前而震惊得双唇颤抖。他深深地感觉到体内有一种腐朽的感觉，有一种溃烂进入了他的每一根骨头。他已经是成年人了，却感觉到他的一身骨架将就此瓦解。那一种令人颤抖的"大哉！奥秘"震撼了他的双腿，他的双膝开始打颤。当他在神面前退出战场，不再与神摔跤之时，他却是拖着摇晃的双足蹒跚而出。

因着神的显现，哈巴谷的怨怼不平之情就消失了。突然间他的语气骤变，从原本苦涩绝望的埋怨，转变成一种充满了坚定信心和盼望的口吻：

> 虽然无花果树不发旺，葡萄树不结果，橄榄树也不效
> 力，田地不出粮食，圈中绝了羊，棚内也没有牛；然而，我要
> 因耶和华欢欣，因救我的神喜乐。（哈3：17-18）

此时哈巴谷的喜悦，就跟他早先绝望的深刻程度一样。他已经能够完全安息在神的至高主权之中。把他的话套上现代人的术语，听起来就像是：

"虽然预算一直不能平衡，股票市场不景气，食物的价格猛涨不已，粗铜进口市场输给了日本，各个银行都关门歇业，虽然我的孩子患了永不痊愈的病症，而我又失业，即使遭入侵，即使铁人队输了超级橄榄球冠军赛，然而我要因耶和华欢欣，因我的救赎主喜乐。"

雅各、约伯和哈巴谷三个人都向神下战书挑战，他们都曾经攻击天堂的城垛，但他们都战败而退。而当他们告别了挣扎困斗之时，他们的灵魂层次却都提升了。他们均在痛苦中付上了一个代价，神准许他们和他进行辩论，但是必须经过轰轰烈烈的激战之后，他们才能获得真正的平安。

大数的扫罗也同样被神无坚不摧的大能征服了。他是法利赛人中激进的奋锐党徒，他们视那一个新诞生的宗派——基督教——为眼中钉，简直是水火不容。他下定了决心要把所有的基督徒从这个世界上彻底歼灭。扫罗奉当权人士的命令，带着文书前往家家户户搜索，逮捕早期的基督徒和初信者，并把他们下在监里。当众人在城外用石头打司提反的时候，扫罗就站在旁边围观，并且高声欢呼，极力称许这个举动。当他得到一纸新的委任状时，他非常兴奋，洋洋得意地前往大马色去继续执行迫害基督徒的大屠杀。就在行近大马色的途中，他遇见了圣洁的神。后来，当他在亚基帕王面前辩明自己的诉讼时，他描述了当时的景象：

“王啊，我在路上，晌午的时候，看见从天发光，比日头还亮，四面照着我并与我同行的人。我们都仆倒在地，我就听见有声音用希伯来话向我说：‘扫罗，扫罗！为什么逼迫我？你用脚踢刺是难的！’我说：‘主啊，你是谁？’主说：‘我就是你所逼迫的耶稣。你起来站着，我特意向你显现，要派你作执事，作见证，将你所看见的事和我将要指示你的事证明出来。我也要救你脱离百姓和外邦人的手。我差你到他们那里去，要叫他们的眼睛得开，从黑暗中归向光明，从撒旦权下归向神；又因信我，得蒙赦罪，和一切成圣的人同得基业。’”

“亚基帕王啊，我故此没有违背那从天上来的异象”。（徒26：13-19）

扫罗积极地要追求他的公义，他是最激进的法利赛人。他献身于追求律法上的完全。然而，我们从他的热心中可以发现一个极大的反讽，就是他愈积极追求他的理想，他就愈做反对神的事情。神并不反对追求公义的热忱，神鼓励人们追求公义，但是他坚决反对那些骄傲自满和狂妄自大的人。神反对那些自以为义而沾沾自喜的人。当扫罗自以为是在为神作战时，他所做的正是大举攻击神。在这一场充满矛盾反讽的争战中，他注定要来到他所反对的基督面前，与神彻底地面对面较量一番。

在旧约圣经中，神将自己启示给人，其中一个名字是“全能者”（《出埃及记》6章3节中使用的El Shaddi，指犹太人列祖时代的神的名字）。这个名字的意思是指“雷子”或者“大能者”，神向约伯所启示的名字，就是全能者。而约伯所经历的正是这位至高无上之神的大能。他的能力胜过一切世人，没有一个人能够力克这位神，扫罗在前往大马色的途中所遇见的，正是这位大能者。

扫罗描述这个经历的起初景象，是在这条沙漠道路上出现了眩目的大光。这一条沙漠大道在日正当中的照射下，阳光穿透一层非常稀薄的大气层，从空中照耀在这一大片地上，其光芒显得异常炙烈。在普通的情况之下，这种阳光的威力是猛烈无比的。想要在大漠太阳的照射之下，仍能看得见的大光，那必然是一种非常奇特的光芒。扫罗所描述的这一束光芒竟比太阳还眩目。他形容这种光芒是"从天上照耀出来的"。

在他形容之下称为"从天上发出来"的大光，并不是指从天空中射出的一道光芒，太阳才是从天空中大放光明，扫罗当时是被神发自天堂的荣光笼罩着。神的荣光正是他的圣洁彰显于外的形式，他的荣耀闪烁出的光芒是如此灿烂、如此明亮，相形之下，日正当中的阳光竟也为之黯然失色。我们可以从圣经《启示录》中读到有关神从天而降在圣城新耶路撒冷的情形：

> 我未见城内有殿，因主神、全能者和羔羊为城的殿。那城
> 内又不用日月光照，因有神的荣耀光照，又有羔羊为城的灯。
> （启21：22–23）

在新耶路撒冷城中没有太阳，因为那儿根本不需要太阳。神的荣耀和基督是如此明亮，远超乎太阳的光芒。扫罗因为看见这一束光线，双眼就瞎了。让我们想想看，当人们以双目直视太阳时，会有什么后果。在日蚀的时候，有一道阴影横过太阳的表面，吸引人们纷纷出来观赏这种奇异的景象。这对我们构成了一种强烈的引诱，使我们很想把双眼盯住太阳直视。然而，即使是在日蚀的情况下，我们发现直视太阳无异是自讨苦吃，会伤害我们的眼睛。新闻传播媒体总是警告我们，千万别直视太阳，免得对我们的视力造成极大的伤害。假如在日蚀的时候，我们都无法直视太阳，何况扫罗看见了那比日光还要耀眼千百倍的明亮光芒？那伤害必然是更严重了。神的荣耀达到了一种明亮的亮度，远胜于太阳的全部能源所照射出来的亮度。

　　这一次并没有天使下来和扫罗摔跤，但是有一股来自天上的神圣威力把他摔倒在地。顷刻之间，扫罗的双眼瞎了。他事先并没有接到任何警告，也没有从风的呢喃声中听到任何危险的讯号。他之所以被击倒、摆平在沙漠上，完全是出于一种至高无上的威力。

　　天上发出大光的同时，有一个声音从天上发出来。这种声音在圣经的其他地方被描述为万水奔腾的砰訇声，就好像从群山万壑中飞泻而下的大瀑布所发出的声响。扫罗辨认出这种口音是从一种闪族语系出来的，那正是耶稣的家乡话。这个声音直接对扫罗称名道姓，并重复提及当事人的名字——"扫罗、扫罗"这种双重称呼的问候形式，表明这是一种个人性的亲昵称呼关系。神就是以这种口气从燃烧的荆棘中向摩西说话，又在摩利亚山上对站在祭坛旁的亚伯拉罕说话。当耶稣被钉在十字架上的时候，他也是以这种口吻向父神哀告，为耶路撒冷的下场号啕大哭。

　　"扫罗、扫罗，你为什么逼迫我？"要注意，这个声音并未质询扫罗为何迫害基督的教会，这个声音所说的反而是："你为什么逼迫'我'？"攻击基督的教会，就等于是残害他本身。紧跟着，这个声音又问道："你为何用脚踢刺？"赶牛畜用的刺棒，是以许多尖锐的钉刺套在一个木制长筒里头，这个刺棒固定在牛群后面的牛车上头。假如有一头牛兽性大发，顽固得不肯往前迈步，这时候它多半蹄往后踢这些刺棒，以表明它倔强的牛脾气。让我们想想看，假如有一头牛踢过一次刺棒之后，它居然野性大作，又接二连三地猛踢那刺棒，这头牛该是多蠢哪！它踢刺棒的次数愈多，为自己招惹来的疼痛愈剧烈，这就好像一个人不断地硬着头皮去撞墙，唯有在他停止撞墙的时候，他才发现疼痛减轻了许多。

　　这个声音告诉扫罗："你这一头大笨牛！你用脚踢刺是多么愚昧的行为啊！这并不能帮你赢得胜利，你的奋战不过是瞎忙。这是你该投降的时候了。"扫罗的反应只是提出一个简单的问题，但是这个问题本身却意味深远："主啊！你是谁？"

当时保罗无法确认那一位以大能征服他的人是谁，但是他能肯定一件事情：无论他是何许人物，他必然是主。

经过了这一次奇遇，扫罗变成了保罗，就像当年雅各更名为以色列一样。这一场战斗结束了，扫罗奋力和神一争，却遭惨败。就像以赛亚的情况一样，他在这个地方接受了呼召，担当使徒的职分，他的生命改变了，而这个世界历史的发展也随之改变了。保罗从这一场败战中找着了永久的平安。

当保罗向亚基帕王讲完了这个故事，他又加上了几句话："亚基帕王啊！我故此没有违背那从天上来的异象。"就像当年激进的扫罗，他处处与基督敌对作战，如今，他更努力为传扬基督而作战。他看见了神的圣洁异象，这个经历深刻得令他终生难忘。在他作使徒的漫长岁月中，他不断地沉思默想，并且详细地阐释神圣洁的真谛。他成为一位大师，真正明白神公义审判世人的意思。对他而言，他已打完了一场圣洁的战争，现在已经进入了一个圣洁的和平状态。他也成了一位举足轻重的大使徒，他的著作惊醒了在修道院中苦修的路德，并且把与神和好的秘诀传授给了基督的教会。

造成我们和一位圣洁的神兵戈相迎的因素，在于神的正直本性和我们的歪曲本质之间的冲突。他是公义的，而我们是不义的。这种紧张的情势在我们心中造成对神的惧怕、仇视及憎怒情绪。不义的人绝对不会渴望一位公义的法官和他结伴同行。假如在我们眼前的是一位充满荣耀的人物，他的荣光会令我们失明，并且他也是一位行公义的人，他的正直正是控告我们的最好证据，那么我们一定会像难民一般，拼命要逃避他的同在。除非我们被证实为无罪的，或者直到我们得着因信称义的恩典，否则我们和他之间的战争将永不止息。唯有一位被称为义的人，才能坦然无惧地面对这位圣洁的神。

使徒保罗为我们挖掘出许多立即能兑现的福气——称义的果实。在他写给罗马人的书信中，他解释当我们称为义之时，当我们因着信心而被基督的公义覆盖之时，我们会得着什么福分：

> 我们既因信称义，就藉着我们的主耶稣基督得与神相
> 和。我们又藉着他，因信得进入现在所站的这恩典中，并且欢
> 欢喜喜盼望神的荣耀。（罗5：1-2）

我们得以称为义所结出的第一个果实是与神和好。对于古代的犹太人而言，平安是一件既昂贵又不切实际的货品。由近代中东地区瞬息万变的局势看来，就好像是历史重演一样。远从征服迦南地的时期到新约圣经中罗马占据犹太国的年代，以色列只有少数几年是在太平中度过。巴勒斯坦的地理位置就像一座介于非洲和亚洲两地的桥梁，因此它不仅成为一条贸易走廊，更形成了绵延不绝的战事走廊。羸弱的以色列国发现自己往往无端地被扯进了强国之间的武力争霸赛之中，甚至被利用为一只军事用途的乒乓球。

和平是犹太人引颈企盼的宝贝。他们真心渴望有一天所有的刀剑铸成为犁头，他们期待着和平之君来临的纪元，因为在那时候他要止息这些层出不穷的战事。由于犹太人对于和平的企盼是如此殷切，因此和平这个字便成了一个平日问候的致意辞。通常我们说"嗨！"或者"再见！"的场合，犹太人只是简单地说了一句："沙龙！"（Shalom）直到今天，沙龙这句问候语一直流传为犹太语的一个主要词汇。

平安这个词最原始的意义和停战有关。但它同时还含有一个更深远的意义。犹太人也同样地注重内心的平安，重视灵魂的宁静安息，也就是说要止息一个激扰不宁的心灵战争。当我们提起"心灵的平安"时，这个观念正和平安的本意相似。

我记得，1945年一个酷热的夏天，我正在芝加哥的大街小巷以扫帚柄玩着棒球游戏。那时候我的领土是一个下水道的盖到下一个盖之间的区域。那时候，我只在乎轮到我挥棒的那一刻。好不容易换到我打第一个球时，突然间，我周围出现大批混乱的人，一片喧嚣，这令

我万分恼火。公寓里的住户纷纷尖声叫闹地从各家各户跑出来，个个手中都拿着木制汤匙，用力敲击着家中洗碗用的浅水桶。我愣了一会儿，难道世界末日到了不成？——至少这的确是我玩扫帚柄棒球的末日。正在困惑之际，我看见妈妈满脸淌着泪水冲着我过来。她把我抱在她怀中，紧抓着我不放，一面哭泣一面哽咽地说："结束了，结束了，结束了！"

那一天是日本宣布投降的日子——同盟国战胜了日本。那时候我并不晓得究竟是怎么一回事，我只肯定一件事：战争结束了，我父亲可以回家了。我们不必再写航空信，寄往遥远的国家了。我们也不必再每天收听有关战争伤亡的新闻报道。我们不必再把缀满了星星的丝质旗子悬挂在窗口上，我们不必再过那种舔干罐头汤的苦日子。我们不必再靠定量配给的粮食过日子了。

战争结束了，我们终于太平了。那举国欢腾的时刻，在我年幼的脑海中留下了不可磨灭的印象。我从中学到了和平是一件重大的事，当她莅临人间时，大家都毫无羁绊地狂欢庆贺，当失去她的时候，大家都陷入痛楚的懊悔中。

那一天我在芝加哥街道上所获得的印象，是一种永久性的和平来临了。我对和平究竟有多脆弱并没有概念，似乎才经过相当短暂的时光，我就听到新闻记者警告我们凶恶的讯息：苏俄展开了核子武力威胁，柏林实施了封锁政策。美国的太平岁月非常短促，旋即挨了越战致命的一击。

脆弱易垮、摇晃不定、浅薄贫乏，这些都是地上和平的普通现象。那些和平条约，就像一般的法令规章一样，似乎只是为了打破条约而缔结的。有百万计的张伯伦（英国首相，签订《慕尼黑协定》的人），高举着双手站在首相府的阳台上，握拳挥臂高呼："我们终于为自己奠定了和平的时代。"即便如此，他们却不能担保人类的历史不会是另一个《慕尼黑协定》的延续。

我们马上得到一个教训，绝不能过分信任和平。战争太容易迅速地强行侵扰我们了。然而，我们仍然渴望一种永久的和平，那是我们可以寄予信赖的。我相信，这种和平正是使徒保罗在写给罗马人的书信中宣布的"与神和好"。

当我们与神之间的圣洁之战停息了，当我们像路德一样穿过了天堂乐园的重重门户，当我们凭着信心被称为义之时，这个争战就永远终止了。借着罪孽被洗涤干净，得到了神圣的赦免，我们得以与神进入一种和平条约之中，那是永恒的。我们被称为义之后所结出的第一个果实，就是与神和好，这种和好关系是一种圣洁的和平，一种洁白无暇的平安，一种无与伦比的太平。这种和好关系永不会被摧毁。

当神签署了这一项和平条约，它所缔订的期限是永恒的。那场战争永永远远地结束了。虽然我们依旧会犯罪，我们仍旧无法顺服，我们还是会做出一些对神的不法之事，但是，神并不是一位不受正式盟约束缚而任意协助别国作战的人。神绝不会再卷入与我们作战的事件中，有一位辩护者为我们向神代求。我们有一位中保，他不断地为我们维系和平。和平在他的掌握之中，因为他不但是和平的君王，他更是我们的平安。

现在我们得以称为神的儿女，这是一个带有祝福的名分，要赐给一切寻求平安的人。如今我们的罪全交给了天父，而不是一位指挥作战的司令官。我们拥有了和平，它是我们的财产，基督为我们捺印封缄，并为我们担任保证人，从而使我们得到它。

我们和神之间的和平关系并不是脆弱易折，而是安稳牢固的。当我们陷入罪恶之中，神便不悦，他会出面纠正我们的过犯，并让我们知道自己犯了罪。但是，他不会为此和我们挑起战端。他不再拉起弓弦，他震怒的箭矢也不再瞄准我们的心。每一次我们打破了这个条约时，他不会持剑向我们示威。

称义所得的平安不只是遥指永恒而已，我们最深切企盼的内心平安也同样可以在基督里寻得。圣奥古斯丁曾经祷告说："神啊！你曾经为了你自己而创造了我们，除非我们的心在你怀抱中找着安息，否则将永无止尽地流离失所。"我们都知道内心遭受扰搅的滋味是什么，我们也知道，当我们远离了神，心灵被空虚和罪恶感啮咬的感受，只要我们的平安奠定了根基，那种可怕的空虚就被填满了，我们的内心也平静了。

新约圣经称这种平安为"神所赐出人意外的平安"。这是一种圣洁的平安，它与我们地上这种恶性循环的短暂平安迥然不同。这种平安唯有基督能赐予，它正是基督自己的平安。

我们从四福音的记载得知，耶稣在这个世界上几乎不曾拥有什么货财。神没有属于自己的家，他没有一处安枕的居所。他没有事业，也没有财团股票。他唯一拥有的只有一件外袍。那一件无价之宝的外袍，竟然也被那些迫害耶稣的人偷走了。于是，从这些情形看起来，他死的时候一贫如洗，没有分文可以遗赠给他的后裔。

我们都是基督的后裔。乍看之下，似乎我们都是一群没有祖产泽惠的孤儿。但是圣经上清清楚楚地告诉我们，神乐意将神的国度赐给神所喜爱的独生子。耶稣从父神那儿承继了这个国度的所有权，并且他也把这个继承转交给了我们。他应许我们，将来的某一天，我们必然听见这些话说："来吧，我亲爱的儿女，来继承我的父神从奠定世界的根基之日，就已经为你们预备好的国度。"

我们所承继的遗产不仅仅是神的国度而已。在耶稣临终前的遗言和嘱咐中，我们知道他还遗留下一些非常珍贵的东西给我们这些子嗣：

> 我留下平安给你们，我将我的平安赐给你们。我所赐的，不像世人所赐的。你们心里不要忧愁，也不要胆怯。（约14：27）

这就是基督遗留的礼物——平安。我们所承受的产业正是神的平安。他赠这份礼物的方式，并不像世人彼此间以物相赠的方式。神赐予这份礼物纯然不含任何暧昧不明的动机，也不带有任何阴险的用意。他把平安赐给我们，并非为了顾全他的利益，而是完全为了我们的好处。这是一个尘世找不到的礼物，并且以一种超凡的方式赏给了我们，那是我们可以携带至永生的礼物。

平安只是称义的一个直接果实。除了这一个圣洁的平安之外，还附带着其他的东西；因信得以进入……对于任何一位曾经和圣洁的神摔跤的人而言，"得以进入"这个词的意义非比寻常。在我们周遭这个凡俗的世界中，处处可见有关得以进入的标志。有一个标志上头标明"不得进入"，另一个则注明"非公莫入"。在历史上，曾经有一度在乐园的大门口上张贴着"不得进入"的警告标志。甚至在旧约圣经中所记载的圣殿中，也没有一个入口可以让普通人任意通往神的宝座。即使是一位大祭司，他也只能一年一度在戒卫森严的情况之下，因公务进入至圣所。有一层厚幔介于至圣所和圣所之间，把两地分隔开，那是一片闲人莫入的禁区。那是一个严密限制的地方。在任何情况之下，信徒是绝不容许进入至圣所的。

当耶稣被钉死的一刹那，就是那一位义者为了我们这群不义之徒而死的一瞬间，圣殿中的幔子撕裂了，因此我们得以进到神的面前。对于基督徒而言，这一块"不得进入"的警告标志已经从乐园的大门上撤除了。现在我们可以自由自在地在圣地上任意溜达。我们不但得以进入他的恩典中，我们还可以更进一步来到他的面前。得以称义的人不需要再向至圣者说："离开我吧！我是个罪人。"现在我们可以坦然地站立在这位圣洁的神面前。我们可以把任何疑问呈给他，他与我们之间并非相隔遥远，以致他听不到我们的哀求。我们可以像覆盖着基督的圣洁者那样来到神面前。我要再重复一遍：我们可以坦然地站在一位圣洁的神面前。诚然，我们仍然必须心存敬畏、尊崇和赞美来到神面前，但是我们凭着一个震撼全世界的消息来到神面前：

我们既然有一位已经升入高天尊荣的大祭司，就是神的儿子耶稣，便当持定所承认的道。因我们的大祭司并非不能体恤我们的软弱，他也曾凡事受过试探，与我们一样，只是他没有犯罪。所以我们只管坦然无惧地来到施恩的宝座前，为要得怜恤，蒙恩惠，作随时的帮助。（来4：14-16）

圣经邀请我们坦然无惧地来到神施恩的宝座前。有些其他的译者以"不畏不惊"这个词来取代"坦然无惧"。既然成为被称为义的人，我们就可以不畏不惊地来到神面前。我们绝不可以把不畏不惊或者坦然无惧的意义和傲慢自大及轻浮无耻搞混了。乌撒是把不畏不惊表现得太过分了，他的表现是傲慢自大。拿答和亚比户逾越了坦然无惧的尺度，进而侮辱了神的巍巍尊严。我们应当不畏不惊又坦然无惧地来到神面前。我们不需要回避他的面，也不必踟蹰不前。但是，当我们来到神面前的时候，务必记住两件事：他是谁，而我们又是何许人物。

对于基督徒而言，他们已经打完了这一场圣洁的战争，并与神奠定了和好的根基。虽然我们已经取得来到神面前的资格，但是我们在神面前仍会颤抖不已，因为他仍然是圣洁的。我们的战兢是出于我们因敬畏和崇敬所产生的激动震颤，而不是像胆怯的人和鸽子被树叶窸窸窣窣声吓得浑身发抖的情形。这种现象依照路德的解释是：我们应当畏惧神，但是不应该存着一种奴仆般的畏惧，好像一个囚犯惧怕那行刑的人，反而应该像儿女畏惧父亲一般，那是因为他们不愿意惹他们挚爱的父神不悦。我们是坦然无惧地来到神的面前，我们是不畏不惊地来到他面前，我们有权来到他面前。我们拥有圣洁的平安。

▓ 让神的圣洁来触及我们的生命

你已经学习并重新发现了神的圣洁，请回答以下问题。用一篇日记来记录你对神的圣洁的回应，或者和朋友讨论你的回应。

136

1. 神曾经使你经受磨练，就像他对雅各所做的一样吗？结果如何？

2. 你曾经挑战过神，就像约伯所做的一样吗？神的回应是什么？

3. 哈巴谷与神之间的矛盾以一个醒目的信仰告白结束："即使_____发生了，我仍然在主里欢喜。"你生命中的"即使"是什么？你愿意将它们降服在主里吗？

3. 基督的死使你可以永远与神和好，这对你来说意味着什么？

4. 神给予我们无限制地接近他的机会，因此你将怎样敬拜神？

第八章

务要圣洁

恶魔亚坡伦啊！

务要留意你的所作所为；

因为我正置身于王的大道之中，

这是一条圣洁的路径；

故此，你当留心哪！

——约翰·班扬（JOHN BUNYAN）

　　教会始创之初，基督徒均称为圣徒。圣徒这个词从那个时代流传至今天，其意义已经几番巨变。今天圣徒这个词令人联想到一位超然正直之辈，他的威严令旁人望尘莫及，他的属灵能力更是无与伦比。罗马天主教以这个字为一种头衔，册封给特殊属灵英雄或者属灵女杰，他们被纳于名人录。

　　圣经上所说的圣徒却是指一般的信徒，在新约圣经中，凡是属神的儿女均享有圣徒这个头衔。这个词纯粹指"圣洁的人"。新约圣经中的圣徒都是圣洁的人。这听起来似乎非常古怪，竟然把这个词汇用在那些成日与各种罪恶争战的信徒身上。当我们阅读保罗书信的时候，我们会感到震惊，因为他将信徒称为圣徒，却常责怪他们愚昧而罪恶的行为。

　　圣经中的圣徒之所以被称为圣徒，并不是因为他们本身具备了圣洁的要素，而是因为他们是一群被分别出来、蒙呼召要成为圣洁的子民。当圣洁这个词用在普通人身上和用在神身上时，它具有完全相同的意义。当我们回想圣洁这个词如何应用来描述神的时候，使我们注意到两件事情：首先，它令我们注意神本身的与众不同，或者意识到他本身和我们的悬殊；第二，它唤起我们注意他完全纯洁的本质。但是我们不是神，我们不是超然绝伦的，我们根本不是纯洁的。那么，圣经怎么可能称我们为"圣洁的子民"呢？

　　为了要答复这个问题，我们必须再度回到旧约圣经中。当神带领以色列人脱离埃及的捆锁之后，就使他们成为一个特殊的国度，他把他们从普世中分别出来。他称他们为他所拣选的子民，并且赐给他们一道特殊的使命。神告诉他们："务要圣洁，因为我是圣洁的。"

　　以色列人所蒙受的这个呼召并不是一个新命令。这个呼召并不是始于摩西，甚至也不是从先祖亚伯拉罕开始的。这一个务要圣洁的呼召首先是赐给亚当和夏娃的。这是人类最原始的任务，我们是按照神的形象创造出来的。在芸芸众生之中要成为神的形象，意思就是：我们受造是为要成为一面镜子，把神的属性反映出来。神创造我们，是要我们把他的圣洁照耀在这个世界。这是人类最主要的目的，是人类生存的真正因素。

长老教会使用《威斯敏斯特小要理问答》来训诫儿童。这个要理问答中的第一个问题写着："人生的首要目的是什么？"这个问题所要探讨的是一个人一生所肩负的主要责任是什么。这个问题的答案写着："人生的首要目的就是荣耀上帝，并以神为乐，直到永远。"

当我还是一个小男孩的时候，这个问题让我伤了好一阵子的脑筋。我无法把这个答案的两部分联系在一起。我实在看不出来，以神为乐跟荣耀神这两件事是怎么连在一起的。我知道，要荣耀神，这多少意味着遵行他的圣洁律法。这种事听起来没什么乐趣可言。那时候我已能体会在我自己的享乐和遵守神的律法之间的冲突。尽管我并不真正了解其中的意义，但我还是安安分分地背熟了这个正确答案。在我眼中，神是阻挠我们享乐的障碍物。在我内心，我并没有把荣耀神当成我生命中的首要目的。我猜亚当和夏娃也必定是有如此一番挣扎！

在我幼年时期还有一个大问题，就是我并不十分清楚快乐和享乐之间的区别。我真希望告诉你，自从我长大了之后，我已将童年幼稚的玩意儿一概抛诸脑后——只可惜，事实并不是如此。在我成年后的生活中，仍有许多幼稚的事发生。我依然设法弄清楚快乐和享乐之间的差别。我能够用脑袋来区分它们，但是这个意识尚未进入我的血脉之中。

我一生中曾经犯了许许多多的罪，但是没有一件罪恶能令我快乐，没有一件罪恶能为我的生命添加一点点的幸福。相反地，罪恶确实为我的生命带来了抑郁不欢。许多大名鼎鼎的人物在接受电视访问或者杂志专访时，他们的观点实在令我难以领教。他们宣称，假如他们能够重新再活一次，他们的新生命一定会重蹈现在的路径。这么愚蠢的想法真令我讶异。有一大把的事情是我真想再重新走一遭的。很可能我在第二次机会中，仍然会犯下同样愚蠢的错误，但是，我依然希望再给我一次尝试的机会。

我从未在罪恶中找着快乐，但是罪恶确曾使我尝到享乐的滋味。我爱享乐，享乐令我着迷不已。享乐中有极大的乐趣，况且并非所有的享乐都是罪恶。在正直公义的生活中也同样可以找着许多享乐的机会。但是，其中仍有差异。罪恶很可能是享乐，但是罪恶永远不会带给人快乐。

现在，既然我已经了解这一大堆的道理，为什么我仍然会受引诱去犯罪？这看起来似乎愚不可及，何以一个人已经了解了快乐和享乐之间的差异，却依然冒着失去快乐的危险去换取享乐呢？这似乎是愚顽不通的，何以一个人明明知道他的行为可能会剥夺快乐，但是他仍照做不误。然而，我们全都循着这个模式走，罪恶的奥秘并不只是邪恶和具备摧毁力的，而且是愚蠢之至。

多年以来，我一直抽烟上瘾。虽然我从未真正算过究竟有多少人劝过我，但是我猜至少有数百位。对于抽烟会对我会产生莫大的害处这个事实，他们仅仅提出几个忠告，告诉我一些瘾君子都知道的事实。早在我成为基督徒之前，我对于抽烟的害处就耳熟能详了。早在美国公共卫生局长把警告标签贴在香烟盒上之前，我就知道抽烟对我有害无益。早在我吸第一口香烟之前，我就知道抽烟不好。然而，我还是照做不误。"我八成是疯了"，这就是罪的本质。

你是否曾经做过这样一些事情：尽管你的脑袋告诉你那是大错特错的，你却一厢情愿地要做？假如你对这个问题的回答是否定的，那你一定是在说谎，自欺欺人，要不然你就最有资格当这个世界的救赎主。我们都是这个陷阱中的俘虏，我们所做的是我们心中想尝试的，而不是我们的理智告诉我们应当行的。难怪我们都要像保罗一样哀诉："我真是苦啊！谁能救我脱离这取死的身体呢？"

我们的困难在于我们曾蒙召成为圣洁，我们却不是圣洁的。于是问题又浮现在我们眼前了：既然我们都不是圣洁的，为什么圣经上称我们为"圣徒"呢？

圣经之所以称我们为"圣洁的子民"，有两个原因：第一，神早已经把我们分别为圣归给他。第二，我们都是分别出来的一群。我们都曾经蒙受呼召，去过一种"不一样"的生活。基督徒的生活是一种不同流合污的生活。我们可以在《罗马书》中找着不同流合污的概念：

> 所以弟兄们，我以神的慈悲劝你们，将身体献上，当作活祭，是圣洁的，是神所喜悦的，你们如此侍奉，乃是理所当然的。不要效法这个世界，只要心意更新而变化，叫你们察验何为神的善良、纯全、可喜悦的旨意。（罗12：1-2）

在旧约圣经中，崇拜是以祭坛为中心进行的。祭坛上摆着呈现给神的祭物。依照大部分的祭物来看，牲畜或者各类谷物都是用来当赎罪祭的。就祭物本身而言，这些牲畜并没有为我们赎罪的能力，它们只是象征那位将要在十字架上成就最大赎罪祭的预表而已。当那位完美无疵的羔羊被宰杀之后，献祭的仪式就停止了，不再预备牲畜作为祭物，因为已经不再需要这种祭物了。现在如果再献上这种祭物，无异是污蔑基督所成就的完美赎罪祭。

因为献牲畜为祭的时代已过，于是许多人认为神憎恶我们所献给他的一切祭物，这并不正确。使徒保罗在这里呼吁我们献上一种新的祭物："将身体献上，当作活祭。"不再是献上各类谷物或者牲畜为祭，而是当把我们自己献给神，这个新的祭物不是一种赎罪行为，也不是一种代赎罪的祭物。这是一种感谢祭。这句话承接在保罗的因果关系的"所以"这个词之后。

当我们在圣经经文中看见"所以"时，我们要立刻留意，将要出现一个结论。"所以"这个词把先前所说的和归纳出的结论连接起来。在《罗马书》第12章开头的"所以"这个字，重新追溯到使徒保罗在前几章里所阐述的论点，就是他阐释基督成就我们身上的救赎工作。这个词引导我们一睹有关他工作果效的唯一恰当结论。根据基督所成就在我们身上因信称义的恩典，我们所能推演出来的唯一合理结论，就是我们应当把自己毫无保留地完全献给神，作为能行走、能呼吸的活祭。

活祭是什么模样的呢？保罗首先以不与世俗同流合污来描绘活祭的样式——"不要效法这个世界"。然而，许多基督徒就是在这个关键的地方跌倒了。这句话很清楚地告诉我们不要与世界同流合污。但是，我们很难决定：究竟我们不要与世界同流合污的标准模式是什么？所谓不要同流合污是一个艰涩难懂的学问，一般人往往把它贬为一种肤浅的反潮流之举。

"不要同流合污"这个功课，不幸在基督徒肤浅的眼光之下，酿成了悲剧。我们可以从文化的潮流看见一些经过简化之后不与世俗同流合污的行径，就是反潮流。假如时下风行的是短发，那么不与世俗同流合污的人就把头发留长。假如大家都一窝蜂迷上了看电影，那么，基督徒就应当把电影当成世俗之物一般避开。更有一派人士做得更绝，他们坚决不穿有纽扣的衣服，或者拒绝用电，因为这些东西都太世俗了。

肤浅的"不与世俗同流合污"作风，正是典型法利赛人假冒为善的陷阱。神的国度不在于纽扣、电影或者是跳舞等等。神所关心的不是我们吃什么或者喝什么。不要同流合污这个呼召，是呼吁我们进入真正的正直公义，而不在乎我们的外在形式。当敬虔的意义被人擅自以外在仪式来厘定时，使徒教义的重点就丧失殆尽了。总之，应当怪我们没有把耶稣的话听进去，他说入口的不能污秽人，出口的乃能污秽人。但我们依然执意以吃吃喝喝等外在仪式，来局限神国度的真理。

为什么基督徒世界容许这种扭曲的见解猖獗呢？我只有一个答案，那就是罪。我们所谓的虔敬特征，说穿了正是不虔不敬的记载。当我们把枝节夸张，又把一些微不足道的琐事捧为至珍至宝时，我们就是效法法利赛人了。当我们以跳舞和看电影来测试一个人的灵命标准时，我们就是以肤浅的道德行为来取代真正的属灵真谛了。我们的所作所为蒙蔽了公义正直的内涵，因为任何人都可以避免参加舞会或者不上电影院，这些要求都不需要付出极大的道德勇气。真正艰难的，是如何控制口舌，做到言行一致，并且彰显圣灵在我们身上所结的果子。

在我一生当中，我从未曾听过一篇关于贪婪的证道。我听过不少人在讲坛上大声疾呼威士忌的邪恶，但是从来没听起人指责贪婪的邪恶。真奇怪，圣经中的的确确指出醉酒是罪，但是这个罪排不进十诚的榜单。真正的新教徒是一位不再贪婪的人；他不再东家长、西家短；他不再散布谣言、中伤别人；他不再恨别人，也不再有苦毒的思想；他开始在生活中结出圣灵的果子。

耶稣责备法利赛人只注重外在的仪文形式：

> 你们这假冒为善的文士和法利赛人有祸了！因为你们将薄荷、茴香、芹菜献上十分之一，那律法上更重的事，就是公义、怜悯、信实，反倒不行了。这更重的是你们当行的，那也是不可不行的。你们这瞎眼领路的，蠓虫你们就滤出来，骆驼你们倒吞下去。（太23：23-24）

耶稣责怪文士和法利赛人忽略真正重要的事，却把次要的事过分强调了。他看出他们的出发点不是厚此薄彼、抑东扬西，而是总揽、囊括。十一奉献就是我们理当尽的本分，但是不是用来取代公义、怜悯和忠诚的借口。法利赛人斤斤计较于外表上、形式上和看得见的虔敬行为，却遗漏了更重要的属灵实际。

因为想要特立独行的缘故，任何一个人都可以成为一位不与世俗同流合污的人。但是我要再一次强调，这是一种肤浅的虔诚行为。我们蒙召所要真正投入的，比不与世俗同流合污更深刻，那就是要出污泥而不染。我们注意到"同流合污"和"出污泥而不染"都含有行为模式的意思，它们之间的区别在于行为模式的趋向。同流合污的意思是附庸、迎合，是指在仪式外观上迎合趋向。在我们的文化之中，同流合污的人就是一位迎合文化走向的人。而不与世俗同流合污的人，则是一位不迎合文化走向的人。假如基督徒的目标只是做到不迎合文化走向，那么，我们未免都是太成功的基督徒了。

出污泥而不染的意思是"跨越"或"超乎其上"。当我们蒙呼召成为出污泥而不染的人，意思是要我们超越这个世界上的条例、形式等等，我们不要盲从这个世界的导向，而应当跨越这个世界的潮流，并且力求一个更高深的呼召和模式。这个呼召是要我们臻于至善的境界，而不是肤浅地呼召我们成为不合时代潮流的人。对于那些已经把自己当成活祭献上、又依照这种模式献上自己的基督徒而言，他必然是一位自律、严谨并极端守法的人。他并不以肤浅的公义正直形式为满足，"圣徒"蒙召是为了要切切实实地追寻神的国度。他蒙召是为要深入属灵悟性的层面。

使徒保罗强调要过出污泥而不染的生活，最重要的方法是借着"心意更新而变化"。这句话倒着看、正着看都是指教育——严密的教育，透彻入骨的教育，在属神的事上接受有纪律的教育。它呼召我们要精研神的话。我们势必会成为生命焕然一新的人，因为我们的心意已经更新变化了。

真正的出污泥而不染，会使我们对神、对人和对世界都有一种新的认识。我们最终所要学的、所要像的就是基督的形象。我们要像耶稣，虽然这不是说我们因此要获得虔敬的美名。我们不是神人，但是我们的人格应当把耶稣完美的人性反映出来。这个命令多么高不可攀哪！

为了要学着像耶稣那样，首先我们必须像耶稣那样思想。我们需要有他的心思意念。他所视为珍贵的东西，我们也当重视其价值；他所不屑一顾的事情，我们也当弃之如敝屣。我们当以他的优先秩序来衡量事物的轻重缓急。他认为重要的事情，我们绝不可掉以轻心。

若是不能精通他的话，我们的心意就不可能更新而变化。灵命成长之钥在于加强基督徒的教育，这需要某种程度的牺牲。

我们所承受的正是这个要我们臻于至善的呼召。我们不应当再像世上的其他人一般，自满于那种对神只有肤浅知识的生活。我们应当成长，不再以灵奶为满足，而是要渴慕干粮。

成为一名圣徒的意思是要分别出来。此外它还有更深一层的意思。圣徒要踏上分别为圣的重要路程。我们要在不断追求圣洁的成长过程中，日日得着洗涤洁净。假如我们因信得以被称为义，那么我们也必须经过分别而成为圣洁。

有一次，我在一所大学做一个神学方面的演讲。我点名叫起一位学生，问了他一个问题，他的反应令全班哄堂大笑，我反而成了他幽默的笑柄。他说："我不知道应该怎么答复你的问题，但是我相信你一定可以用拉丁成语来作答！"我的学生向来喜欢拿我以拉丁成语来讲解教义的习惯开玩笑。

有时我不得不用拉丁成语，因为它们的含意是那么的丰富生动。当它们从双唇间吐出来的时候，听起来真是如此甜美悦耳。我无法不用一个拉丁成语就写完一本书。所以下面就是了——我在这一本书中所使用的拉丁成语是从马丁·路德的话抄录下来的。这个成语是路德用来呼吁大家注意我们是称义的罪人的身份（Simul Justus et peccator）。这个成语真妙！这是我始终钟爱的称呼之一。现在我们所该做的，是搞清楚它究竟代表什么意义。让我们一次看一个字：Simul——英文单词Simultaneous就是由这个拉丁词衍生出来的。它是指"在同一时刻"。Justus——这个词比较简单。英文Just这个词当成Justice（公正）来讲的时候，就是由这个拉丁词引申出来的。Et——我祖母认为它是eat（吃）的过去式！事实上，et这个字在拉丁文中是指连接词and（和、与）。这令我们想起了当凯撒大帝被刺伤，在临终所说的话。就在他仆倒在庞贝大将军画像底部的地上时，他眼睛瞪着布鲁塔斯，愤怒地狂吼着："Et tu Brute?"（你也和他们一样？）。Peccator可能是我们最陌生的字。英文impeccable（完美无疵的）和peccadillo（小过犯）就是从那个词演变来的。它就是"罪人"的拉丁文单词。因此，我们再把它们连接在一起，看看它们的意思："simul Justus et peccator，既公义又有罪的人。"这正是所谓的圣人，他是一位既公义又有罪的人。

我们可以看得出来，即使是一位圣徒，他仍然是一个罪人。那么，他怎么可能成为公义呢？圣徒之所以成为公义，乃因他是因信称义的。他本身和他里头都没有一点儿公义，他是因着基督的公义正直，遂在神的眼中看为公义。这正是因信称义的奥妙所在。当我们把个人得救的盼望寄托在基督身上，并且单单交给他，那么神就把基督的一切公义正直转到我们的账户里头。当我们相信他的时候，他的正直就变成我们的正直，这是一件合法的交易。这种公义正直的转让，就好像我们办理转账一样，并不需要实际的财物转换。也就是说，神是在我们还是罪人的时候，就把耶稣的公义正直转到我们的户头了。

整件事听起来好像是个骗局，似乎是神在玩法律游戏。他把我们当成正直的，即使我们从里到外都不是正直的。但是，这就是福音啊！这真是一个好消息，我们可以手持一份存着完美公义的账单，来到一位公义圣洁之神的审判宝座之前。这就是凭信心使基督的公义变成我们的公义的方式。这既不是一个骗局，更不是一场游戏。这个转让手续是真实的。神的宣言是一丝不苟的。耶稣的义的确存进我们的户头了。神看我们为义，因为耶稣的义已经覆盖在我们身上了，这不单是说耶稣借着死为我们偿清了一切债务，而且是说他的生命和他的死对我们是一样的重要、缺一不可。不单是我们的罪恶、债务和我们的缺失过犯被基督拿走了，他更把他的顺服、他的资产和他的美德赏赐给我们。正是这种圣洁的方法，才能使一位不正直的人站立在一位正直而圣洁的神面前。

在这个转移公义的观念中，危机四伏。它很容易被人误解并且滥用了。有些人认为只要一个人相信了耶稣，他就无需为改变生命而伤神了。或许因信称义被人当成一张容许犯罪的执照。假如我们拥有了基督的义，何必麻烦要改变我们罪恶的生活方式？既然我们不能凭着自己的善行进入天堂，我们又何必刻意行善呢？这些问题绝对不可以从一位真正称义的人口中吐出来。

当路德昭告世人圣经中因信称义的教义时，他说："唯因信称义，但不是单有信心就可以称义。"雅各早就以另一种方式谈及这个观点，他说："信心没有行为是死的。"真正的信心，或者说能挽救人的信心，正是路德所谓的fides viva（我又用拉丁成语了！），即"活的信心"。这种信心能使人结出悔改和公义的果子。假如一个人说他有信心，却不见任何信心的行为，很明显他的信心不是真的。真正的信心使人真正地效法耶稣。假如一个人得以称义，那么分别为圣势必紧跟着发生在他身上。假如这人未曾有分别为圣的行为，那么就根本没有任何称义可言。

我们有信心的一刹那，就立刻称义了。当神宣布我们为义之时，他并未期待我们交出善行。这个宣告在我们还是罪人的时候就已经发布了。

在罪人开始成为洁净之前，究竟需要多长时间？答案是：不需枉废任何时光。在我们称义之后和我们开始成圣之间，并没有任何时光流逝。但是，在我们称义之后和得以"完全"成圣之间，的确需要经过漫长的年日。

路德举一个简单的例子来解释，他描述一位垂死的病人的情况。医生扬言有药方能够百分之百治好他的病。当医生下妥了处方，他立刻宣布这个病人已经痊愈了。那时，虽然病人依旧身怀绝症，但是一旦这些药物经过他的双唇进入体内，这个病人便开始康复了。我们称义的情形亦然。一旦我们真正相信了，就在那一刹那，我们开始变好了；成为洁净和圣洁的过程已经展开了，而完全成圣的日子，也指日可待了。

基督徒成长的目的，是要达到公义正直。然而，这些话在今天的基督教世界听起来似乎太过激进了。要每一位基督徒口口声声谈及公义，那真是太难了。这些词几乎成了人们宣誓用的话，任何词句都比公义这话还得宠。从来没有一位学生、一位教区的居民或者其他人士跑来找我，问道："我该怎么做才能成为正直的人？"

许多人和我谈起合乎伦理、道德、属灵、虔敬的道理。但是，似乎没有人愿意谈论如何成为公义的道理，或许是因为我们知道自以为义是罪。公义这个词听起来太法利赛了。谈如何属灵，听起来比谈如何成为公义要更属灵。

成为属灵的人只有一个真正的目的。公义只是达到这个目的的一个方法，而不是这个目的本身。所有属灵的目的，都必须是为了达到正直公义的目的。神呼召我们成为圣洁。基督也明确地定出基督徒生活的优先次序："你们要先求神的国和神的义，这些东西都要加给你们了。"这个目的就是公义。

我们如何自知是否朝着追求公义的方向进行呢？我们怎么检定自己在成为圣洁这个呼召之下，是否呈现百尺竿头的进步呢？圣经也为这个问题带来了一线曙光。可以凭着一个人所结的果子认出他是义人。圣灵将成圣的能力施展在他身上和内心，使他渐渐成为圣洁的人，因为圣灵认识真正的圣洁。他之所以叫圣灵，不仅因为他本身是圣洁的，更因为他的主要工作是使我们里面产生圣洁的成果。

公义的果子是圣灵在我们内心发生作用所结出的果子。假如我们渴望成为圣洁，假如我们真有一颗饥渴慕义的心，那么我们必须把焦点集中在圣灵的果子上。

> 情欲的事都是显而易见的，就如奸淫、污秽、邪荡、拜偶像、邪术、仇恨、争竞、忌恨、恼怒、结党、纷争、异端、嫉妒、醉酒、荒宴等类，我从前告诉你们，现在又告诉你们，行这样事的人必不能承受神的国。（加5：19-21）

保罗在这段信息中响应了耶稣提及的有关从神的国度失丧的警告。凡是生活在上述形态中的人，都不能承受神的国。但这并不意味着我们所犯的任何罪，都会剥夺我们上天堂的权利。保罗所说的是一种习惯性的，始终表现出上述邪恶特征的生活形态，要注意这里把内心和外在的罪都囊括在内，我们身体上的罪和我们心中的罪都一并算在内。

这里所列出来的罪状，可以说是一种万恶不赦的罪。新约圣经把罪分成几等，有些罪比其他的罪更可恶，然而基督徒却往往忽略了这个重要的关键。新教徒特别为罪的等级观念所苦。这种反应部分是由于罗马天主教有两种罪的观念：必死的罪和可赦免的罪。罗马大公教会把某些罪定为是该死的，因为这些罪严重扼杀了我们灵魂的恩典；较轻微的罪则定为可赦免之罪，它们尚不至于残害我们得救的恩典。

我们总不免认为罪就是罪，并没有大小轻重之别。我们想到耶稣在登山宝训中教导我们，凡看见妇女就动淫念的，就是与她犯奸淫罪了。又知道圣经教导我们，只要我们违犯了律法中的一条，就是犯了全律法的罪了。圣经的这两个教导令我们很容易就混淆了罪的等级观念。

当耶稣说"动了淫念就是犯奸淫"时，他并未说，动淫念跟在淫乱中逞强是一样的糟糕，他的话中也没有这个含意。他的观点在于，律法真正要禁止的，更甚于奸淫的实际行动。神把律法的范围应用得很广泛。法利赛人自认从未犯实际的奸淫，因此他们是很清白的。他们以为只要自己实际上不曾流人血，就守住了不可杀人的律法。但他们没有认清，就连不义的怒气和怀恨都涵盖在广义的不可杀人的律法之内。

耶稣曾教导，怀恨是危及他人生命的罪。恨意惹动人的怒气，它不像实际的谋杀一样严重，但是它仍然是罪。最轻微的罪也是犯了全律法中的一个罪例。律法是我们衡量圣洁的标准。在我们最细小的逾越行动之中，我们未能达到这个标准，我们就违犯了圣洁的呼召。这一点再次意味，并非每一种罪都是一样的邪恶，耶稣再三提到地狱中刑罚的等级和那些罪孽比别人深重的人。

罪的等级这种观念对我们相当重要，因此我们应当设法了解此观念和万恶不赦之罪两者间的区别。我要再次申明，我们所有的罪都需要赦免的恩典。所有的罪都是违背神的行为，我们需要一位赦免我们小罪的主，我们也需要一位拯救我们深重罪孽的救主。但是罪有轻重之分，因此我们必须加以辨识，免得我们落入法利赛人本末倒置的网罗里。

让我们想想这个社会对于过度肥胖问题所投注的关心。在美国，每一年要花上好几百万美元用来节食。为了保持体重，我们可以列举层出不穷的理由。我们都知道肥胖症是健康的主要问题，我们也知道贪吃无度是罪。我们往往任意填塞或者紧缩这一个圣灵的殿。但是，举国关怀苗条的重点，并不像强调化妆品一般把焦点集中在健康和大餐的观点上。我们想要苗条一点，为的是使我们看起来体面一些，这并不算什么大不了的差错，但是苗条并不是我们用来衡量圣洁的最高尺度。没有一个人因为他的过度肥胖对我造成伤害，人的造谣诽谤才能伤害我，但是我们几乎未曾花费分文来控制诽谤的问题。或许因为有些事情是比体重还难以控制的，有些人擅长节制口腹之欲的艺术，但是没有人精通驾驭唇舌的艺术。

想想那些你认为是你所见过最虔诚的人，在你对他们的钦敬中，他们的体重占有多少分量？他们当中有多少位有一张难驾驭的口？

圣灵的果子和肉体所出生的罪形成了鲜明的对比。圣灵的果子结出敬虔之人所特有的美德，想一想保罗提到的果子吧：

> 圣灵所结的果子，就是仁爱、喜乐、和平、忍耐、恩慈、良善、信实、温柔、节制。（加5：22-23）

这是在圣洁过程中成长之人所特有的记号，也正是我们蒙召去垦殖的美德。要结出圣灵的果子，势必要培养结圣灵果子的习惯，圣灵在我们里头动工，要协助我们做到这一点，我们蒙召更是要尽自己的全力，来努力孕育这个果子。

使徒在这一串圣灵的果子中，提供我们一个成圣的秘诀。我们都喜欢以速成的方式来学习功课，成为圣洁却无法借简单速成之法达成。然而，圣经还是使我们对于圣洁的模样能一目了然。圣灵的果子正是我们的焦点所在。保罗特别把这个词抽丝剥茧给我们看；除了这一串构成圣灵果子的美德之外，他还加了一些话：

> 这样的事，没有律法禁止。凡属基督耶稣的人，是已经把肉体连肉体的邪情私欲同钉在十字架上了。我们若是靠圣灵得生，就当靠圣灵行事。不要贪图虚名，彼此惹气，互相嫉妒。
> （加5：23—26）

让神的圣洁来触及我们的生命

你已经学习并重新发现了神的圣洁，请回答以下问题。用一篇日记来记录你对神的圣洁的回应，或者和朋友讨论你的回应。

1. 对你来说，成为圣洁或者过圣洁的生活意味着什么？

2. 你会怎样去更新你的心思意念？

3. 当你知道神已经称你为义，并且将耶稣基督的义转到你的名下，你会怎么回应？

4. 在你的生命中，圣灵结出了什么果子？

5. 你想用哪种方法来在圣洁中成长？

第九章

神落在一群狂怒的罪人手中

一般人

听到"地狱"两个字

都自我安慰

我才不会落到那里去

——爱德华兹

（JONATHAN EDWARDS）

美国有史以来最著名的一篇证道，或许是爱德华兹所著标题为《罪人落在一位震怒之神的手中》的讯息。这篇证道不但再版为无以数计的布道手册，也被编入大部分美国的早期文学中。这篇讯息刻画了未信主之人在地狱的威胁下惴惴不安的情形，因此有些现代分析家称之为不折不扣的虐待文学。

爱德华兹的整篇证道把神大发烈怒及罪人在地狱受残酷刑罚的恐怖情形，描述得十分逼真。这种证道在我们这个世代已不再风行了，且通常被视为一种过时的低格调信息。这种强调圣洁、对不悔改者大发烈怒的证道，已不适合现代一般教会的聚会气氛。哥特式拱顶教堂已不复存在；教室的彩色玻璃窗也没落了！激发灵魂产生道德勇气的证道再也听不到了。我们这个时代是一个强调自我成就和对罪妥协的世代，我们的想法总认为：假如真有一位神，他绝不是圣洁的——即使他是圣洁的，他必不是公义的；即使他凑巧是既圣洁又公义的，我们也不必担心，因为他的慈爱和怜悯凌驾在他的圣洁公义之上。假如我们吃得消他的圣洁和公义属性，那么有一件事可以让我们放心：他心中绝不怀有震怒。

假如我们冷静思考五分钟，我们必能发现自己的谬误。如果神是圣洁的，如果神的属性中有一丝公义，如果神确实存在，他怎么可能不对我们动怒？我们冒犯了神的圣洁，我们污秽他的公义，我们贬损了他的审判，我们的所作所为必定很难取悦他。

爱德华兹了解神的圣洁本质，他体会出不圣洁的人对这位神的惧怕程度，所以他根本不需要标榜一个骇人听闻的神学，他的当务之急只是以活泼生动、铿锵有力、令人慑服的方式来传讲这信息。他的作法并非出于虐待狂的心理，而是出于同情心。他关怀他教会的会众，这份爱心催促他要警告他们面对神震怒的可怕后果。他并不是要设罪的陷阱来绊倒他们，而是要唤醒他们——若他们仍不肯悔改，转离面临的危机。

让我们花一点儿工夫来品味这篇证道的一段内容：

这位扶持你飞越地狱无底坑的神，就好像人抓住一只蜘蛛或一些令人作呕的昆虫，飞越一团火舌，他痛恨你。他对你怒不可遏，他向你发的震怒就像熊熊的烈焰；你在他眼中一文不值，只能被抛入火坑之中；神的目光纯净，你根本不配出现在他的视线之内；在他的眼中，你比我们眼中最惹人厌的毒蛇，还要恶劣一万倍。你不断触犯他，比悖逆他儿子的人，更令他恼怒。然而，那一双时时刻刻扶持你、保护你不摔入火坑的，还是他的手。除了他以外，是谁保佑你未在昨夜被抓去地狱？是谁叫你在合上双眼入睡之后，依旧能醒来面对这个痛苦的世界？若不是神的手提携你，就再也找不到其他理由，足以说明何以你早晨起身之时，未曾跌落至阴间地狱了。也没有别的原因可以说明，何以你恶贯满盈又以邪恶的态度在神的殿中，参加肃穆的崇拜而激惹神震怒的目光，但是仍未下地狱。真的，再也找不到其他原因，足以说明为何你在此时此刻没有被打入地狱。

罪人哪！仔细地想你目前的危险处境：你身陷巨型的火炉之中，那是一个充满震怒烈焰的无底洞，但你因攀附神的手而安然越过这些火苗。岂不知他冲着你的烈怒和冲着许多被打入地狱的恶人，是一样狂猛的！你攀附的只是一条纤弱的细丝，上面闪烁着神震怒的火焰，随时都会把它烧焦、焚断，而你竟然还不急于寻求任何中保，你竟然还不为自己活命打算，你还不寻找任何抵御怒焰的工具。你一无所有，你过去的所作所为，没有一件能供你向神讨饶之用，你根本无法求得一刻钟的赦免……

这篇证道的笔势是残酷的。爱德华兹的话一拳又拳地捶打他的会众。他的描绘来自圣经中的启示，经过他刻意设计之后，用来警告罪人他们危机四伏的处境。他告诉他们，他们正行走在溜滑之地，随时有滑跌的危险。他说，他们正踏上一座由朽木架起的木桥，要越过地狱坑，桥上那些朽木随时都会断裂。他提到许多看不见的箭头，就像瘟疫一般在白天也有恃无恐地肆虐。他提出警告说，神已经拉弯了弓弦，神的怒箭已瞄准了他们的心。他把神震怒描绘成汪洋大水，这水正滚滚涌向水坝的闸门，万一水坝坍塌了，罪人就会被汹涌的大水淹没。他提醒听众们，人与地狱之间除了隔着一层空气之外，就空无一物了：

> 那恶使你如同铅一般沉重，因着重量和压力的缘故，你就往地狱滑陷；万一神放手，你就会立刻陷入这个无底洞之内；那时你健硕的体格、审慎的思虑及最精密的筹算，并你所有的正直公义，都无法救你逃离地狱。这就像一张蜘蛛网想要阻止一块巨岩的滑落，那绝对是无能为力的。

这一段内容中，爱德华兹特别强调神震怒的本质和严厉的程度。他深知一个概念：那位圣洁的神，必然也是一位有盛怒的神。他列举出好几点关于神震怒的关键，是我们不可稍有疏忽的。

是谁在震怒。爱德华兹所讲的震怒来自一位大能的神，他把神的震怒和普通人的脾气及君王的愤怒相对照。人类的愤怒是有限的，它必有结束，但神的震怒会持续到永远。

神震怒的强度。圣经再三地把神的震怒比喻为一个盛满了愤怒的酒榨。在地狱里没有缓刑或赦罪的机会。神的愤怒不只是激怒或稍有不悦而已，而且是一种能吞噬执迷不悟者的烈怒。

那是一种永不止息的震怒。神对地狱之子的愤怒是没有止息的。假如我们对自己的同胞稍有恻隐之心，那么，当我们想到他们之中有人将要被投进地狱的无底洞坑，我们必然会为之嚎啕大哭。我们绝不忍心花五分钟来听那些被打入地狱者的哀号。即使短暂地暴露在狂怒之中，那也是超过了我们所能承受的。因此在这种情况中待到永恒，真是令人不敢想象。听到这一类的证道之后，我们反而不想被唤醒，我们只渴望快快乐乐地蒙头长睡，进入宁静的安眠中。

我们的悲剧在于：尽管圣洁已明明白白地警告我们，尽管耶稣以此为严肃的主题教导我们，我们依然在锡安城中高枕无忧，幸灾乐祸地等待审判临到邪恶之辈的那一刻。既然神是真实可信的，我们务必面对一个骇人听闻的事实，他的烈怒迟早会倾倒出来。爱德华兹评论道：

> 几乎每个人一听到地狱，就会自我安慰地说自己必能幸免；他仰仗自己的现况对自己的所作所为自鸣得意。每一个人都想法子如何避免受咒诅下地狱，又为自己想出的好主意沾沾自喜，并妄想自己的计谋得逞。

对爱德华兹的这个问题，我们的反应如何？它令我们触目惊心，还是令我们生气？我们是否像一般大众一样，对地狱之刑只会嗤之以鼻？我们认为神的震怒只是一种原始无知的观念吗？对地狱的见解会令我们蒙受奇耻大辱吗？假如我们的答案是肯定的，那么我们所崇拜的神一定不是一位圣洁的神。事实上，他根本不配称为神。假如我们蔑视神的公义，那么我们就不算是基督徒了。我们所处的位置正如爱德华兹所刻画的一样，是处于惴惴不安的情形；假如我们憎恨神的震怒，那是因为我们憎恨神，我们热心为自己辩护，但是我们的热心正足以证实我们对神的敌意。我们会大言不惭地强调："不对，我所恨的不是神，我只恨爱德华兹。对我而言，神是最甜美不过的，我的神是一位满有慈爱的神。"但是，一位满有慈爱却没有震怒的神，就不再是神了，而只是我们凭己意塑造出来的偶像，正如我们用石头雕刻成的神明一样。

爱德华兹又传讲了另一篇著名的证道，堪称为《罪人落在一位震怒之神手中》的续集。这篇证道的标题是《人性与神为敌》。若我能擅改爱德华兹的标题，我会建议改用《神落在一群狂怒的罪人手中》。

假如我们没有信主，那么我们必定会恨神。圣经对于这一点并不含糊带过。我们都是神的仇敌。我们都在他毁灭全地的咒诅之下，所以我们自然会憎恨神，正如雨水降在大地上，泥土就湿了一样。此时，或许我们的激怒就要爆发了。我们会矢口否定刚才所写的一切。我们很愿意承认自己是罪人（有谁能例外呢？），我们也会立刻承认自己不够爱神，但是我们中间有谁敢承认他憎恨神呢？

《罗马书》第5章清清楚楚地告诉我们："因为我们作仇敌的时候，且藉着神儿子的死，得与神和好……"新约圣经的主旨就是与神和好这个主题。在彼此相爱的人中间并不需要和好。神对我们的爱是毫无疑问的。但是，怀疑的阴影笼罩着我们，那是因为我们对神的爱出了问题。人的本性就是圣经所谓的"属肉体的意念"，是与神为敌的。

从我们不太尊重神的态度上，显示我们对神具有自然的敌意。我们认为神并不值得我们献上衷心的敬爱。我们对以神为主角的默想不太感兴趣，甚至对基督徒而言，崇拜是一件相当艰困的义务，而祷告更是一个不堪其扰的沉重负担。我们倾向于尽可能逃开神的同在，神的话一字一句都从我们的心中反弹而出，就好像篮球从篮板反弹出去一般。

人性对神的态度并不仅仅是冷漠不关心而已，甚而是一种蓄意的怨毒心态。我们反抗他的权柄，并且拒绝他统管我们。我们的个性中缺乏对他的挚爱，我们对他的圣洁毫无反应。按照我们的本性而言，我们从来不曾爱过神。

诚如爱德华兹特别强调的，人性把神视为仇敌这种论调仍不够正确。我们应该说得更准确一点：神是我们不共戴天的敌人。他是我们犯罪欲望的最大威胁，他对我们的罪痛恨至极，绝不能通融。世人的谆谆劝导或哲学家、神学家的滔滔雄辩，丝毫不能诱发我们爱神的心。我们对他的存在不屑一顾，并且总是尽全力摒除他的同在。

倘若神把他的性命交在我们手中，他不能保有一秒钟的安全。我们绝不会忽视他，而会摧毁他。也许我们认为这个控告太夸张了，不免有口说无凭之嫌，但是当我们再一次查看神子耶稣基督的记载时，就会发现此言不虚。基督的死不仅是被杀而已，而且是被一群恶毒的人所谋杀的。群众们喧嚣着要流他的血，他们不仅要把他从世上除掉，而且要让他在讥讽与羞辱中郁郁而终。我们知道他神圣的天性并未随着十字架而逝，治死的只是他的人性。如果神任凭他神圣的天性被残害，如果神使他神圣本质在迫害者的钉子下受到致命伤，那么基督今日必然仍是死的，而神也不会在天堂出现了。假如那一支枪刺透了神的灵魂，那么，那一次人类悖逆神的革命就早已一举成功，使人跃升为天地的王了。

但是，我们都是称为基督徒的一群人，我们都是神所爱的子民，我们都有曾经与神和好的境遇，我们都曾经被圣灵重生，在我们心中都感受到神的爱。我们不再是仇敌，而是朋友了。这些都是基督徒的亲身经验。然而，我们务必留意，要记得人性并未随着自己信主的转变而消失殆尽。在我们的新生命中仍然残留着堕落的天性，是我们每天都要努力去克服的。因为在我们的心灵中仍然存留一块角落，那地方不欢迎神。我们可以从自己不断犯罪的事实中，看见这个堕落天生的残骸；我们可以从自己沉闷冷漠的崇拜中，观察到这个天性的存在。我们甚至在自己的神学中可以观察到这个天性。

在基督教历史中，只有三种神学派别能互相抗衡。这三种神学分别为伯拉纠主义（Pelagianism）、半伯拉纠主义（Semi-Palagianism）以及奥古斯丁主义（Augustinianism）。伯拉纠主义是一种自然主义的宗教，反对一切超自然的现象，它对现代的影响力可以见诸于自由主义（Liberalism）；半伯拉纠主义在今天是以阿米念主义（Arminianism）的姿态活跃着；奥古斯丁主义在现代的名称是加尔文主义或者改革宗神学。

伯拉纠主义是非基督教信仰，这等人不仅是次等基督徒，更是极端敌挡基督徒的人，伯拉纠主义是一种基本的不信神学。它对各个教会形成了强制束缚，证明了世人对神有天然的敌意。对于伯拉纠主义或者自由主义者而言，世界上没有超自然的活动。他们不相信基督的神性，不相信基督的救赎大功，不相信他复活，不相信他升天，也不相信基督会再来。总而言之，他们不相信圣经中的任何教义。他们膜拜的只是一种异教伪装成的神祇。

半伯拉纠主义的内容是什么？显然它是极端承认耶稣的神性，相信耶稣的救赎大功，相信基督的复活，等等。半伯拉纠主义是绝大多数福音派基督徒的信仰记录，也很可能代表绝大多数阅读本书的读者之信仰神学。但是我深深相信，纵使半伯拉纠主义有许多优异之点，它仍然代表一种和我们天性倾向妥协的神学。它含有一个显著的缺点，使它无法真正认识神。虽然它提倡尊敬神的圣洁，并且郑重声明它相信神的至高无上地位，它仍潜藏着许多谬误的信念，认为人有能力做相信神的决定，并且能够自己决定是否接受重生。它声明，那些敌视神的堕落之民在改变他们的恶心之前，也能经由劝导而与神和好。它使一些尚未重生的人看见一个国度，并且进入了那个国度。但基督早已宣布，人若不重生，就不能见、也不能进那个国度。今天有许多福音派人士借着叫人决志重生，而使得一些在过犯和罪恶中死了的未信主之罪人，重获新生命。基督曾清清楚楚地告诉我们，死的人不能做任何决定，属肉体的将一事无成，人若非借着圣灵重生，他就无法看见神的国度，更别提进入神的国度了。现代福音主义的失败在于它未能认识神的圣洁，倘若人人都领悟了这一点，世界上就再也听不到关于基督的劲敌们借着他们的能力来到耶稣面前这一类的话了。

一个面面俱全的神学，必然是一个以恩典为中心的神学。当我们了解神的属性，当我们约略领悟他的圣洁时，我们就开始了解我们的罪和无助的庐山真面目。无力自救的罪人只能靠恩典得以生存。我们的力量本身是虚无空乏的，若不是慈爱的神搀扶我们，我们的灵命也是贫瘠无力的。或许我们不喜欢投注太多的注意力在神的震怒和公义之上，但是等到我们乐意相信神本性中的这些特点，我们将永远不敢奢求神在我们身上的一切审判。爱德华兹这一篇关于罪人落在神手中的证道，并不在于刻意强调地狱的火焰。它那宏亮的重音节并不是落在炽热的无底坑之上，而是落在那一位伸手扶持我们、拯救我们免入无底坑的神身上。神的双手满有恩慈，唯独这双手有能力拯救我们脱离毁灭之灾。

我们有什么能耐来爱这一位圣洁的神呢？对于这个事关重要的问题，我只能简单地回答说，我们无法爱这样一位神。爱一位圣洁的神是超出我们道德能力范围的事情。我们的本性会去爱一位不圣洁的神，一位以我们自己的手捏造出来的偶像。除非我们由神的圣灵重生，除非神先把他的圣洁之爱赏赐给我们，除非他在恩典中俯就我们，改变我们的心，否则我们将永远不能爱他。他是那一位主动伸手使我们的灵魂痊愈、复苏的神。离了他，我们便无法行出任何正直公义的事。离了他，我们势必注定永远和他的圣洁隔离。唯有在他先爱我们之后，我们才能爱他。要爱一位圣洁的神需要有恩典，这个恩典深厚得足以穿透我们坚硬的心，唤醒我们垂死的灵魂。

我们是住在基督里，早已经被唤醒了。我们已经从属灵的死亡中重获生机，得着属灵的生命。但是，我们的眼睛仍然会不时迷糊，有时候我们的行动就像死尸一般。我们仍保留一些余地，不敢紧紧地靠近神。我们仍然在他的圣山下颤栗不已。

然而，当我们在认识神的知识上长进时，我们会越来越深刻地爱他的纯洁，也会更深地觉得他的恩典不可或缺，会体会他配得我们毫无保留的爱戴。我们对他有增无减的爱所结出的果子，就是日益尊崇他的名。现在我们能爱他，是因为我们看见了他的可爱之处；此刻我们敬爱他，是因为我们看见了他的尊荣；现在我们服从他，是因为神的圣灵居住在我们心中。他是圣哉、圣哉、圣哉……

▓ 让神的圣洁来触及我们的生命

你已经学习并重新发现了神的圣洁，请回答以下问题。用一篇日记来记录你对神的圣洁的回应，或者和朋友讨论你的回应。

1. 你如何回应爱德华兹的证道？它是否充满怜悯与同情？

2. 明白神的义怒会怎样帮助你把他当作一位圣洁的神来尊崇？

3. 在哪方面你需要神的帮助来使你爱他？

第十章

影子之上

真理总是关于某些事情的，
但是现实是关于真理是什么的。
——C. S. 路易斯

当诗篇的作者注视他所居住的宇宙，他的心怀被敬畏和崇敬之情所充满。当他仰望星空的时候，他看见神掌管的广阔疆域，他心中最深沉的思绪油然升起：

> 我观看你指头所造的天，并你所陈设的月亮星宿，便说，人算什么，你竟顾念他？世人算什么，你竟眷顾他？你叫他比天使微小一点，并赐他荣耀尊贵为冠冕。（《诗篇》8：3-5）

这些文字并不是出自专业的天文学家或者古代的占星师之手。这只是一个普通人的感慨，是他注视自己在浩瀚宇宙中的渺小处所而有的表达。《诗篇》的作者完全不知道宇宙是在持续扩张的，在其中有数以亿计的星宿和数不胜数的银河。他对超新星和螺旋星云一点都不了解。他从来没有听说过宇宙大爆炸理论。从他的视野来看，天空可能只是一个发光范围只有他头顶几英里远的穹形华盖。

我们知道，离我们最近的恒星（太阳除外）所发出的光需要花4年半的时间才能够到达地球，而它的速度是每秒186000英里。我很想知道：当有人把这个知识告诉《诗篇》的作者大卫王的时候，他会怎么想？即便是现在的我们，也很难想象这样长的距离和这么大的空间是什么概念，即使我们生活在哥白尼天文大发现后的年代。当我们说地球的直径是25000英里，而光在一秒钟之内可以绕地球7圈半，我们常常会感到惊奇。然而，这样的一秒钟与我们一天中所拥有的秒数相比，根本就算不得什么，更何况是4年半的时间，光在那样长的时间里所经过的距离根本是无法想象的。而这个距离还仅仅是离地球最近的恒星的距离。对于那些离我们最远的恒星，我们几乎无法进行有意义的分析来弄明白它们和我们之间的距离。更何况，我们根本就不知道离我们最远的恒星是哪颗，因为还没有任何证据显明它已经被发现了。

《诗篇》的作者用有限的技术条件在夜晚仰望巴勒斯坦上方的

星空。他被星空的壮丽与自身生命的渺小之间的强烈对比给震撼了。面对浩瀚的银河，他不得不问自己这个关于他自身存在意义的终极问题："世人算什么，你竟眷顾他"（《诗篇》8：4）。

我们可能会觉得，诗人的结论是人算不得什么，只是历史的雷达屏上的一个光斑，浩瀚宇宙中可有可无的灰尘。但是，他的结论并不是这样。他表达出了地球上的生命的重要性，他陈述了人类的价值和尊严。因为神顾念他创造物中这微小的存在，并且将荣耀尊贵为冠冕赐给人类。

《诗篇》的作者是怎样得出这样一个积极的结论呢？它会不会只是诗人巧舌如簧的欺骗？或者诗人是被高超的知识装备过，使他能够弥合天堂和地狱之间的鸿沟？又或者是诗人能够观察到我们的盲点？而最可能的是，诗人是透过观察月亮和星宿看到那位起初创造这一切的神。

使徒保罗在他给罗马人的书信中，谈到神会用他所创造的大自然来启示他自己。保罗写道：

> 自从造天地以来，神的永能和神性是明明可知的，虽是眼不能见，但藉着所造之物就可以晓得，叫人无可推诿。（罗1：20）

保罗在这里所说的是很惊人的道理。他承认神是人肉眼看不见的，但是他同时又说神不可见的那部分是可见的。如果什么东西能被看到，它就不是不可见的；如果它是不可见的，它就不会被看到。为什么保罗说会看见不可见的东西呢？保罗并不是逞一时的口舌之快，或者是在打字谜。他的真正的意思是这样的：那些不可以直接被看到的，可以间接被看到。在神学上，保罗所说的被称为"间接启示"。

间接启示需要通过一些"媒介"来揭示。我们通常用"媒介"或"媒体"这个词来指那些我们获得资讯的渠道，比如报纸、电台和电视等。我们了解一个新闻事件不是通过直接目击它的发生，而是通过阅读印刷出来的报纸，或者是通过广播听到它，或者是在电视上看到它。电视是如此强大的一个媒体，通过荧幕，我们甚至会觉得自己是新闻现场的一个目击者。比如，我们看一场现场直播的足球比赛时，会感到自己就在比赛地的球场上——当然，事实上，我们并不在现场，我们是在看传播过来的现场的影像。"可见"的比赛是必须要通过电视这种传播媒介的。

当我们把注意力转向星空，我们是在使用另外一种"媒介"。仰望星空或月亮星宿并不是在看神的面，我们是在看神手所做的工。当我们在荷兰阿姆斯特丹国立博物馆看《夜巡》这幅油画的时候，我们并不是在看伦勃朗，而是在看他的手所画出的油画。这幅画告诉我们有关画家的一些信息，但并没有告诉我们这个画家的所有信息。

当然，大自然本身的完美使得她比伦勃朗所画的一切杰作都更伟大。大自然给予我们一个比《夜巡》更大的视野。大自然所启示出来的有关她的创造者的信息，也比一幅画作所启示出的有关它的画家的信息内容更丰富。保罗指出，通过大自然这个"媒介"，神将他自己的永能和神性显现了出来，那是凭着肉眼所不能看见的。

保罗清晰地说明，每个人都可以通过神的手所造之物看见神性的彰显。这个启示是给所有人的，这样所有人都可以很清楚地看到。保罗的词句很有力度，让所有人都能够知道世界上有一位神，这位神非常在意他无与伦比的壮丽和圣洁。神用来向世界彰显自己的"媒介"是那样清楚和有说服力，叫任何人都无可推诿。这个被用来彰显神的"媒介"在力度和有效性上是强过电视媒体的。巴巴拉·沃尔特斯[①]有关神的访谈节目所彰显的神性，远不如大自然所彰显的神性来得多。

虽然所有的人都接受到了神用以彰显自己的媒介（大自然），但是并不是所有人都真的准备好认识他。在使徒保罗将人能提出的所有借口都反驳了之后，他申明：

---

① 巴巴拉·沃尔特斯（Barbara Walters），美国著名女节目主持人。

因为，他们虽然知道神，却不当作神荣耀他，也不感谢他。他们的思念变为虚妄，无知的心就昏暗了。自称为聪明，反成了愚拙；将不能朽坏之神的荣耀变为偶像，仿佛必朽坏的人和飞禽、走兽、昆虫的样式。（罗1：21-23）

你曾经遇到过迈克尔·乔丹吗？如果被问的那个人是我，我会如何回答这个问题？我可能用两种方式来回答。我可能会说："是的，我见过乔丹。我看到过他，还和他谈过话。"或者说："不，我从来没见到过这个男人。"两个答案在一定的情景下可能都真实。我见过迈克尔·乔丹——我在电视上看过他。我对他说过话——我在电视上看公牛队的比赛时曾朝着他喊叫。当然，我说自己从来没有见到过这个男人也是真实的——通常，当我们这样说的时候，会加上修饰语"真人"。我们都明白真实的人和这个人的影像之间的区别。

保罗的意思是说，神的形象是通过在真实的自然界里发生的真实的启示来彰显的。但是问题是，在认识神这件事上，我们歪曲了神的真实形象，而用我们人手所造的像来代替他。这就是偶像崇拜的本质：用假神来代替真神。我们歪曲了神的本相，根据我们自己的喜好来对他重新解读。我们造出来的神好像什么都是，就是不圣洁。

我再次重申，保罗并不因为我们没有认识神而责备整个人类。我们的问题不在于错误地认识神或者不知道神是谁，而在于拒绝去相信我们已经知道的事实：神是存在的。我们面临的不是一个智力上的问题，而是道德上的问题。这个问题就是：我们不诚实。

所有的偶像崇拜从根本上都是不诚实的。保罗把这个描述为"变为"，那是一个不诚实的"变为"：

他们将神的真实变为虚谎，去敬拜侍奉受造之物，不敬奉那造物的主。主乃是可称颂的，直到永远。阿们！（罗1：25）

在这里，人们用受造之物代替了造物的主。这个改变之所以不诚实，是因为我们知道什么是更好的。已逝的卡尔·萨根①谈到他在观察宇宙的复杂精致时所感到的敬畏和崇敬。但是，萨根明确地表示他的崇敬之情只对宇宙本身，而不是创造宇宙的神。萨根仰望星空时候的反应与《诗篇》的作者仰望星空的反应截然相反。《诗篇》的作者被感动来赞美创造宇宙并通过大自然来启示自己的神，而不是赞美大自然本身。这正好反映出一个属神的人和一个非基督徒在本质上的不同。非基督徒混淆了受造之物和造物的主。他们将本该属于造物主的荣耀给了受造之物。

我们记得保罗说过，在人类拒绝把神当做神来荣耀的时候，就看见了人的罪。人甚至在明明知道神的永能和神性的时候还拒绝神。保罗早就预料到了这种拒绝把神当做神来荣耀的行为，他前面已经断言人会在知道神真实存在的情况下还拒绝相信他。

神圣洁的属性并不是含糊其辞的，也不是一个奥秘，好像只有那些属灵的精英才能参透，这是我们从使徒的教导中得出的显著的结论。神圣洁的属性每天都彰显，每个人都可以看到，而且并不是只有那些热切地寻求神的人才能看见。保罗的观点是，神的圣洁是有目共睹的，是清晰地被大家看见的。

在其他的地方，使徒保罗也指出，神通过大自然所启示的关于自己的知识并不被人类所热切接受。与之相反，我们的本性就厌恶这些关于神有圣洁属性的知识。我们里面的败坏本性阻止我们去持守关于神的真理。我们选择去把圣洁"变为"不那么圣洁。对神的尊荣的拒绝使得我们的思想中充满了黑暗。它导致了一个巨大的愚昧，给我们的生活带来了灾难性的后果。一旦我们拒绝把神当做神来荣耀，我们对世界和人生的整个认识都会被歪曲。

让我们回到《诗篇》第8篇。《诗篇》的作者说出他在仰望日月星宿的感叹之前，他发出了如此深沉的颂赞：

---

① 卡尔·萨根（Carl Sagan, 1934 — 1996），曾任美国康奈尔大学行星研究中心主任，被称为"大众天文学家"和"公众科学家"。

> 耶和华我们的主啊，你的名在全地何其美！你将你的荣耀彰显于天。（诗8：1）

《诗篇》的作者反复强调的一个观点是：神的荣耀是高于诸天的。神的荣耀超越一切被造之物的荣耀。确实是这样，你能在这个世界上找到的一切荣耀，都是从神那里借来的或者直接来自于神。很明显，《诗篇》的作者是一个重生了的人。《诗篇》的作者很乐于把神当作神来荣耀，并且完全接受神借着大自然所启示给他们的真理。他举目观看神手所造的壮丽的宇宙，并且因着这宇宙所启示的神的荣耀而欢欣雀跃。

柏拉图在他的著作《理想国》中举了一个现在已经非常有名的例子：影子说。柏拉图说，人类就像是被困在了一个漆黑的洞穴里面。他们从一小堆火中获取光和热量。他们所能看见的一切，只有火光投射在墙壁上的闪动的影子。这是他们视野的范围。他们所知道的所有的现实就是墙上的阴影。直到有一天，他们从洞穴里走出来，出现在白天的光明中，他们才能明白什么才是真正的现实。同时，他们还是会搞不清楚墙上的影子和外面的世界哪个才是真正的现实。

柏拉图设计出这样的理论是为了表述知识和想法之间的区别。想法是来自对影子的猜想，不能看到真理。对于柏拉图来说，外在的观察并不是对世界的真实认识，这只不过是真理的影子。如果要获得真理，那就必须超越感知范畴，到达永恒的终极真理的范畴。柏拉图曾追求超越现象界而达至终极的真理。

虽然柏拉图的理论是几个世纪前写成的，却是我们的时代精神的一个很好的注释。我们为人类在科学地认识外部世界上所获得的爆炸性知识而感到自豪。我们知识范围的扩展已经远远超越了感知范围的极限。我们可以用显微镜来观察微观世界，用望远镜来观察宏观世界。我们对于微观世界和宏观世界的认识已经远远超越了前人的探索范围。

我们对于地球和太空的认识已经极大地提升了，我们就像投身于一个富丽堂皇的剧场，每一天都上演激动人心的奇迹。然而，我们对世界的认识却比任何一个时代都现实和短视。我们这个世代是一个短视的世代，在这个世代，我们宣告所有的现实都只关乎现在和此时。这是一个史无前例的世俗主义的世代，我们在将自己从神性剥离这方面做得无比成功。我们生活在一个比柏拉图想象的洞穴还小的世界，我们看到的影子不是由跳动的火苗投射的，而是由渐渐熄灭的余烬投射的。

16世纪的神学家加尔文在他的名著《基督教要义》里面给出了另外一个理论：帕子说。他争辩说，大自然是一个巨大的舞台，即一个启示神性的舞台，但是我们穿越这个舞台的时候却好像蒙上了帕子。加尔文的观点并不否认我们事实上已经从大自然中得到了启示。他其实说的是人们总是顽固地拒绝将他们的眼光转到已经显明的事实上去。我们自己蒙上了帕子，然后在黑暗中摸索，一边磕磕绊绊地走着，一边诅咒黑暗。这个类比的目的就是要说明人类的愚蠢——选择黑暗来代替光明，选择被造之物来代替造物的主。

加尔文写道：

> 但大多数的人因为被自己的罪恶缠住，反倒在这大怜悯的荣光下被弄瞎了心眼。先知宣告说，以智慧留意神的这些作为是少见的（参见诗107：43），甚至一些在其他方面看来聪明的人，当他们观察这些事时却一无所获，千百人中也难找到一位真正能看见这荣耀的人！然而神的大能和智慧并没有隐藏在暗处。[1]

人类是这样一种被造之物：宁愿生活在洞穴之中，也不愿意曝露

---

[1] 《基督教要义》上册29页，第8小节，三联书店出版，加尔文著，钱曜诚等译，孙毅 游冠辉 修订。

在日光之下。神的荣耀环绕我们，我们不可能会失去他。然而，我们不仅已经失去停下来细嗅一朵花的逸致，我们也失去了认识创造这朵花的全能者的逸致。

我们每天都行走在神的荣耀当中，大自然这个神性的舞台每天都彰显神的荣美。《诗篇》的作者宣告说，诸天述说神的荣耀，万物歌颂神的慈爱。

我们看到神的圣洁和神的荣耀是不可分的。神的荣耀是他的完美性的外在宣告，那是极重无比的荣耀。圣经中经常提到说，神荣耀的云彩有时会外在地被看到，那被称做神的显现。这个荣耀的云彩曾经在变相山上覆盖了使徒们，它在耶稣被接升天时是他的护卫，将来耶稣会再次驾着这云彩降临。这荣耀的云彩是如此眩目，以至于会照瞎直接用眼睛看它的人，就像保罗在去大马士革的路上所经历的。

在圣经中，神的荣光的显现，都会让看见它的人震惊。但是在圣经中，神荣耀的云彩并不是神同在的唯一表现。神也在其他众多的神迹中显现，像烧着的荆棘、火柱和五旬节时降临的火舌。从最小的意义上来说，神的荣耀无时无地不彰显。它像太阳的光一样不会熄灭。太阳的光会被乌云遮盖，也不时地会被日食遮挡，但是这些并不会扑灭太阳的光芒。

加尔文使用眼镜的比喻来描述我们对神荣耀的认识。他谈到信心的眼镜——基督徒可以透过它超越眼睛看到的表象，认识到原本一直存在的神的荣耀。

圣经告诉我们说，那些有耳听的就当听，有眼看的就当看。这里并不是指感官的能力，而是指能越过黑暗和罪的噪音听到和看到真理。一个人重生之后，眼界就会被打开，就能真实地感觉到自己所看见的，真实地理解自己所听见的（参见可4：12）。这种能力会随着我们信心的成长而不断地增长。

几年前，我开始学素描和油画作为消遣。我的业余作品肯定不可能挂在严肃的艺术画廊里。我在学习这门手艺时磕磕绊绊，从反复试验中不断取得进步。在我早期接受的指导中，别人告诉我要用另外一种眼光来看这个世界。别人告诉我，要注意阴暗部分和阴影的细微差别，要观察颜色和纹理。在这样的训练之前，当我经过一棵树，我只能看见树。现在当我观察一棵树的时候，我会注意树皮独特的纹理和树叶上显著的色彩。这些细微差别一直都在，只是以前我没有注意到它们。这些细微差别中的每一个都有属于它们自己的彰显神荣耀的同在的方法。

当我们注意到油画或者其他的艺术形式时，说明我们对美感兴趣。关于什么是美，是非常难定义的，它难以捉摸且极有争议。在哲学这门学科中，有一个子门类叫美学，它试图去定义美的标准。在历史上，很多学派都在美学思想上有争论。许多人总结说，关于什么是美是没有定论的，它纯属个人的主观爱好。另外一些人，他们回溯到亚里士多德的时代，想给美定出一个客观标准。主观主义者一直认为"美存在于观察者的眼中"，他们将美缩小到个人品味和选择的范围，就像对不同口味的冰淇淋的选择。这么说来的话，一个人认为美的，其他人可能认为是丑的。

从另一个角度来说，有些思想家尝试着去寻找客观标准来评判美丑。亚里士多德、阿奎纳、爱德华兹等思想家认为美在于均衡性、对称性、复杂性以及和谐性等等。综合性的、部件的、复杂的对称表明了美的要素。虽然简洁也可能被认为是美，但是复杂部件的和谐构成更常被认为是美的。我们明白小孩子用树枝在地上画的人物与米开朗基罗画作中的人物的区别。同样地，我们也能辨别出小孩子用一根手指比划着弹出来的"一闪一闪亮晶晶，满天都是小星星"的儿歌与贝多芬的《第四钢琴协奏曲》之间的区别。

伟大的艺术品和音乐中显示出的艺术性上的深刻，使它不会很快就变得陈腐过时。例如，你可以比较一下巴赫的《耶稣，人类盼望的喜悦》和一首现在流行的歌曲或者电影原声。有些歌曲可以流行几年，但是大部分歌曲都是短命的。设想一下，假如你一直坐着听一首流行音乐6个小时，你一定会对它感到厌烦。然而，如果你持续专心地听巴赫的杰作，乐曲会变得越来越动听，你会从中发现很多错综复杂的细微差别。

有时候，当我说职业橄榄球运动中也有美的时候，很多人都会感到奇怪。像这样原始和暴力的运动，怎么可能有美存在呢？我喜欢看条件极好的顶尖级运动员来执行单一的任务。11个球员站在球的一边，每个人都有自己的功能，大家合力将球往对方场地推进几尺。在球场的另一边，对方的11名球员联合起来阻止进攻方的推进。这个运动项目就像交响乐一样，对和谐性的要求非常高。当失去和谐性的时候，就有可能接不住球，甚至是输掉比赛。

以上提到的所有内容，包括艺术和运动，都显示出了一种美，这种美有深刻的神学上的暗指。旧约圣经经常提到神的圣洁的美。即便是神为亚伦和大祭司所设计的圣衣，都是"为荣耀，为华美"（出28:2）。这节经文表明在神的圣洁和华美之间有重要的关系。我们习惯于认为神的慈爱与圣洁有内在联系，认为真理和圣洁有内在联系，但是慈爱与真理不过是一个三足鼎中的两只足，而第三只足就是美。

在圣经中，有所谓的"三美德"，它们都超越自身而指向神的圣洁。这"三美德"由真、善、美组成。让我们逐个来分析。

古代的哲学家们，比如柏拉图和亚里斯多德，都在寻求他们叫做summum bonum的东西，就是"至善"。这种寻求促使他们假定神是存在的。他们用自己的方法，证明了最基本的圣经真理，那就是"至善"只能在神那里找到。他是所有规律的规律，并且他不受规律控制。所有的善都能在神和神的性情里找到根源。他是所有善的基础，并且所有的善都指向他。当人把神从自己的思想中驱逐出去的时候，他就会去信奉道德相对主义。道德相对主义与其说是一种伦理规范，不如说是一种反伦理规范，它成为了无神论的根基。陀思妥耶夫斯基曾说过："如果没有神的话，那你想做什么事情都可以。"他明白，如果没有一个至善存在的话，那就完全没有善的存在。所有的善都要拿来与神至善的终极标准来衡量。

就像所有的善必须从神的至善中获得定义一样，所有的真理也要用神的真理标准来评判。神是真理的至高创造者。所有的真理都是从他而来，都反映了他的性情。古代的神学家们都明白，所有的真理都是从神来的，所有的真理都会"在天堂相遇"。这些话的意思是，没有哪个真理是独立于神而存在的，或者说会与神所指的真理相矛盾。哲学家们已经提供了各样所谓的真理理论，其中流毒深远的一个理论就是"真理一致性理论"。这个理论认为真理必须与真实一致。但是，这个理论的问题是：对于什么是真实的，不同的人有不同的认识。所以接下来的争论就是："谁能认识真实呢？"如果要解决这个难题，我们必须加一个基本的定义："神知道什么是真实。"加上这个定义之后，完整的表述会是："神所指的真理是那些与真实一致的真理。"神对真理的认识是完美的，他从永恒的角度来看待所有的事情。他知道真实事件是怎么发生的，无论事大事小。他在圣经中所启示的与他通过大自然启示的自己是一致的，我们从大自然中所学到的必须与我们从神的恩典中所学到的一致，两个领域都属于神。神不是混乱的源头，他不会说谎，也不会说自相矛盾的话，这就是所有的真理都会"在天堂相遇"的真实意思。这并不是说神会以某种方法调和矛盾，而是说真实的矛盾并不会影响神的真理的清晰性。神的真理是圣洁的真理。就是说，神的真理表达了他自己的性情。就神是所有真理的基础来说，所有的真理也指向神。既然所有的真理都指向神，那么所有的真理也都是圣洁的。真理的圣洁性使得谎言显得如此邪恶，因为它歪曲了我们对于神的性情的认识。

正如真和善来源于神的性情，美也一样。神本身就是和谐性和多样性、简洁性和复杂性的基础。他的性情是内在一致，和谐与均衡的。在他没有曲解，没有混乱，没有丑陋。他的言语中没有噪音。他手所造的是和谐的宇宙，而不是混乱的。混乱是由无秩序和困惑造成的，它是不合理性的。神的荣美是有理性和秩序的美，因为神的性情中有最完美的理性和秩序。就美证明了神的这些性情来说，美也证明了神自己。爱伦·坡明白，在美中一个人会遇见伟大的境界，这个境界并不是无理性的，而是理性的。那就意味着说，美虽然只在思维里发生，但它超越人的认识。当我们被伟大的艺术"感动"的时候，我们就被思维和灵魂的感情所抓住。为了培养对美的鉴赏能力，我们需要学习去跟随所有美的伟大创造者。

中世纪的神学家用拉丁文ens perfectissimus来指代神。这个词可以被翻译为"最完美的存在"。神学家在这里的用词有些误导人。说某件事或某个人是最完美的存在有些多余，因为真正的完美是没有程度的区分的。如果某件事是完美的话，那就不能变得更完美或者最完美。我们会这样说，是因为我们已经习惯于与不完美的事物打交道。不完美的事物可以改进，但是完美的事物不行。仅仅说神是完美的就可以了。为什么神学家还要用最高级来说神的完美性呢？答案一定是他们想强调一个事实：神的完美性是如此清晰，他们不会赞同任何关于神性情的完美性有待改进的建议，无论那个不完美之处是多小。这是一个关于"最完美"的合乎情理的夸张说法。

神的完美在他所有的属性中都彰显出来。他的力量是完美的，在他毫无软弱或者毫无软弱存在的可能。他在知识上不仅是全知的，并且是完美的全知。没有一件事是神不知道的，或者是他需要学习的。有些现代神学家试图宣称神是全知的，不过只是有限的全知。他们声称神可能知道某些事情，但是有些事情他却不可能知道，尤其是那些发生在将来的由人自主选择的事情。但是，有限的全知根本不是全知，并且不完美。有限的全知的观点抢夺了神圣洁的全知，那是完美的全知。神是爱，他的义怒，他的慈爱，所有关于他的一切都是完美的。他不仅仅是完美的，而且是永恒不变的完美。以前从来没有一个时刻神不是完美的，将来他也没有可能变得不完美。神以前所拥有的，将来也会永存。他的完美是永恒性的。他不会改变。

洞穴里的影子会改变。它们带着随时改变的外形跟随着火光跳动及闪耀。为了要找到真正的圣洁并且超越被造之物的肤浅，我们需要走出自造的洞穴，走在神圣洁的光中。

■ 让神的圣洁来触及我们的生命

你已经学习并重新发现了神的圣洁，请回答以下问题。用一篇日记来记录你对神的圣洁的回应，或者和朋友讨论你的回应。

1. 描述一下你最近的经历，想一想：神是如何通过大自然向你启示他自己？

2. 我们在哪些方面总是敬拜被造之物，而不是造物的主？

3. 那些真善美的事物是怎样反映出神的圣洁的？这个真理会如何帮助你决定事情的优先次序？

4. 你会怎样因着神的圣洁来敬拜神？

第十一章

圣洁的地点与圣洁的时间

除了此刻,
还有哪个时间能够遇见永恒?
——C. S. 路易斯

　　法国存在主义哲学家让·保罗·萨特在他所写的《禁闭》这个剧本里，如此描述他的观点：他人就是地狱，在这个领域里没有出路。这句话也可以用来描述当今文化观里的世界。我们这个世代的人常常感觉到自己好像被困在了此时此地。我们感到没有通往天堂的路，很难拥有超越性。好像有一条鸿沟将我们挡在了圣洁的领域之外。我们好像命中注定要在一个被世俗所捆绑的场所度过余生。

　　当我写这些文字的时候，一架宇宙飞船正朝太空飞驰而去。飞船里面的宇航员是要去修复和升级哈勃望远镜，它正将前所未见的外部宇宙景象传送回地球。因此，天文学家们正在手忙脚乱地修正他们的宇宙学范例。无数的新数据不断冒出来，等待着解读。只有少数科学家还持守宇宙是稳定不变的观点，这个观点已经慢慢被抛弃，因为越来越多的证据表明宇宙从来都是在扩张的。

　　18世纪的人见证了自然神论这个新宗教的诞生，它是有神论的基督教和无神论的自然主义的一个折中。自然神论最有名的比喻是将神比作钟表匠。神被看作世界起源的第一因，神创造世界就像一个钟表匠设计并制造了钟表。自然神论者想象，就像钟表匠将发条和齿轮装配在一起，上好了发条，然后钟表就用内在的力量开始运行，所以神这位最伟大的宇宙设计师和制作者，创造了世界，然后就远远躲开了，任由世界按照他所创造的机械率运转。自然神论者相信，神将世界创造成了一个封闭的系统，他自己对于世界的运行是永远不参与的。自然神论者看不到神看顾世界的每一天，看不到从上头来的神圣指引，看不到从地上发出的与神真实的交通。

　　自然神论作为一个切实可行的宗教并没有维持多长时间。它既不适合传统的有神论，也不适合死硬派的自然主义者，所以它很快就从历史的舞台上退出了。然而，它却从两方面具有持续不断的重要性。第一，虽然自然神论只是历史雷达屏上的一个小光斑，但是它精确地发生在美国开国的过程中。自然神论在独立宣言和美国宪法起草的时候曾经是一股时尚潮流，在某种程度上，那时候的正统基督徒对自然律的看法都受自然神论的影响。

自然神论的第二个重大影响是，它赞成一种封闭式的机械的宇宙观，没有给神的指引留下任何空间。虽然自然神论作为一个宗教早已消亡，但是它对宇宙的看法仍然能在今天的世界上找到。我们文化中的许多人仍然觉得宇宙是按照固定的自然率运行的，它运作的方式就像是一只上了发条的钟表。所有事情发生的原因都严格限定在自然率的范围，而神好像没有什么事情可做，只是作为人类事件观察者在一边远远观望。在我们的社会当中，宗教被限定为遭遇不幸的人对付苦难的个人疗法。我们好像只是一种世俗的存在，没有什么所谓的圣洁。

但是，人们总是在寻找一扇通向超越性的门或窗。我们总是在寻求能从世俗跨向神圣的道路。我们需要一个神圣的空间，因为这片土地是一片神圣的土地。米尔恰·伊利亚德是20世纪顶尖的宗教历史学家，他在其著作《神圣与世俗》（*The Sacred and the Profane*）中写出了人类的这种寻求。伊利亚德坚称,我们从来没有能够创造出纯粹和完全的世俗主义。他说："一个人无论是在何种程度上将世界世俗化，他会选择世俗的生活，但他从来都没有能力完全避免宗教性的举动。" 人性具有宗教性，根本就无药可救。即便被限制于一个封闭的宇宙，人类也总想寻求一个通向超越性的地方。我们感到内心深处有一个深切的呼求，希望能够被圣洁充满。我们渴望一个圣洁的地方。

当摩西在旷野遇见神的时候，他经历到了通向圣洁之地的路：

> 摩西牧养他岳父米甸祭司叶忒罗的羊群。一日，领羊群往野外去，到了神的山，就是何烈山。耶和华的使者从荆棘里火焰中向摩西显现。摩西观看，不料，荆棘被火烧着，却没有烧毁。摩西说："我要过去看这大异象，这荆棘为何没有烧坏呢？"耶和华神见他过去要看，就从荆棘里呼叫说："摩西！摩西！"他说："我在这里。"神说："不要近前来，当把你

脚上的鞋脱下来，因为你所站之地是圣地。"又说："我是你
父亲的神，是亚伯拉罕的神，以撒的神，雅各的神。"摩西蒙
上脸，因为怕看神。（出3：1-6）

在经历神的显现的过程之中，神命令摩西与直接显现的神保持一
个安全距离。摩西被禁止靠得太近。然后神命令摩西脱掉他的鞋。我
们在前面讨论过先知以赛亚的异象，我们可以看到，撒拉弗脚上的遮
盖和这个例子里面摩西脚上没有遮盖是有联系的。在两个例子当中，
脚指的是动物或者是人所有的特质。无论如何，摩西都被命令脱掉鞋
子，因为他所站的是圣地。摩西进入了神圣的地方。从某种层面上来
说，他朝着燃烧的荆棘走去的时候，就跨过了世俗的边界，走向了神
圣之地。作为堕落的世界中的一员，摩西是世俗的。然而，现在他居
然敢走在已经变得圣洁的地上。

摩西进入的圣地，是因为神的显现才变成圣洁的。这个地点的土
地的组成成分，与沙漠中其他地方土地的组成成分是一样的。这个地
点神圣的属性不是固有的，是外加的。就是说，因为超自然的同在使
它成为圣洁。在这个地点上发生的事件使平常变成了不平常。神在这
个地点显现的德行使得平常的变得不平常。

摩西在燃烧的荆棘中所经历的不仅是神的显现，同时也是一个敬
拜。"神的显现"这个词所指的既是神以可见的形式显明自己，也是
圣洁的一个外显。伊利亚德注释道："每个神圣的地方都暗指神的显
现，圣洁进入这个地方，导致这个地方同它周围的环境分别为圣，在
本质上变得不同。"

我们看到圣经中第二个关于神圣的地方的例子，与雅各在别是巴遇
见的事有关。在对这个旧约故事的注释中，历史学家伊利亚德标注道：

雅各在哈兰做梦，在梦中看见天梯，有天使在天梯上上
去下来，并且听到主的话从上面传下来，说道："我是耶和华

你祖亚伯拉罕的神。"雅各睡醒了，就惧怕说："这地方何等可畏！这不是别的，乃是神的殿，也是天的门。"雅各清早起来，把所枕的石头立作柱子，浇油在上面。他就给那地方起名叫伯特利（就是神殿的意思）（参创28：12-19）。"天的门"所没有言明的象征意义是很丰富和复杂的；发生在一个地方的神的显现使之成为神圣，因为它开了与上面交通的通道——与神交通，从存在的一种形式转变到另一种形式的出人意料的通道。

在这件事情的作用下，几个重要的画面被联系起来。第一个画面是有天使在上面上去下来的天梯。我们再一次看到，天梯作为连接地球与天堂（世俗与神圣）的工具。天梯描述了在看起来似乎封闭的宇宙之外的另一条道路。第二个画面，神圣的地方现在有了一个新的名字，叫做伯特利，它不仅被确信为"神殿"，而且更重要的是，它是真实的"天的门"。这个殿不是单单有个门，它本身就是门，是一扇通向天国的门。

第三个重要的画面是石头。这块石头原本只是一块普通的年代久远的岩石，只不过是雅各在晚上睡觉的时候把它枕在头底下当枕头。在神显现之后，这块石头被赋予另外一个作用。它从普通的作用被转变成一个不普通的作用。它在一个简单的仪式之后被浇上了油，已经成为一个圣洁场所的圣洁标志。它标记了一个被伊利亚德称为天堂与地球的通道的地方。

神圣的场所在圣经中经常被认为是一个通道。我们可以在挪亚和他一家从大洪水中生还的事件中看到这一点。

到了二月二十七日，地就都干了。神对挪亚说："你和你的妻子、儿子、儿妇都可以出方舟。在你那里凡有血肉的活物，就是飞鸟、牲畜，和一切爬在地上的昆虫，都要带出来，叫它在地上多多滋生，大大兴旺。"于是挪亚和他的妻子、儿子、儿妇都出来了。一切走兽、昆虫、飞鸟，和地上所有的动物，各从其类，也都出了方舟。

挪亚为耶和华筑了一座坛，拿各类洁净的牲畜、飞鸟献在坛上为燔祭。（创8：14-20）

大洪水退去之后，挪亚和他一家才得以离开方舟，他们一出来就筑了一座坛。马上就筑坛的目的是为了向神献祭。但这并不是这座坛的唯一功用。这座坛也是新开始的标记，用来描述这个地方是从毁灭到救赎的一个通道。

我们可以从旧约圣经中不断地看到有这样的插曲出现：

耶和华向亚伯兰显现，说："我要把这地赐给你的后裔。"亚伯兰就在那里为向他显现的耶和华筑了一座坛。从那里他又迁到伯特利东边的山，支搭帐棚。西边是伯特利，东边是艾。他在那里又为耶和华筑了一座坛，求告耶和华的名。（创12：7-8）

以撒从那里上别是巴去。当夜耶和华向他显现，说："我是你父亲亚伯拉罕的神，不要惧怕！因为我与你同在，要赐福给你，并要为我仆人亚伯拉罕的缘故，使你的后裔繁多。"以撒就在那里筑了一座坛，求告耶和华的名，并且支搭帐棚。他的仆人便在那里挖了一口井。（创26：23-25）

摩西下山，将耶和华的命令、典章都述说与百姓听。众百姓齐声说："耶和华所吩咐的，我们都必遵行。"摩西将耶和华的命令都写上。清早起来，在山下筑一座坛，按以色列十二支派，立十二根柱子。（出24：3-4）

这些通道所显示的例子，都是一座坛标记了一个神圣的场所，一个重要的通道。每一个通道都是一座桥梁，从完全世俗的世界通往圣洁的所在。有的是通过神向人的显现，有的是重要决定，将人分别为圣。

我们与圣洁的联系不只是遇到一个不同维度的真实，而是与完全的真实相遇。基督教信仰不是关于宗教经验的闲谈，而是关于与圣洁的神相遇，这位神成为人类存在意义的中心或核心。基督教信仰是以神为中心的。神不是处在基督徒生活的边缘，而是在中心。神界定了我们的整个生活和世界观。

在我们的现代经验中，我们在教会圣堂中体验神圣的场所。圣经中所用的"教会"一词指的是人，而不是建筑。当然，当人们聚集起来敬拜神的时候，他们的确需要一个场所来聚集。因为教堂是被设计用于敬拜的，我们就把"教会圣堂"简称为"教会"。在这个意义上讲，教会是被设计和建设为某种意义上的神圣场所，我们在这个地方遇见圣洁。

教会圣堂的建筑风格各异。每个教堂的建筑风格都在传达一个不用言辞表达的信息。过去，歌特式大教堂的设计让人将注意力聚焦在神的超越性上。高高的天花板、拱形顶、塔和塔尖传递着人能够在这里与圣洁的神相遇。有些现代教堂仍然使用拱形顶和塔尖来显示神令人敬畏的圣洁，别的教堂则被设计和建设用作团契的作用，在外观上可能更像会议室或者是剧院。这些教堂里，有些圣所变成了舞台，会众变成了观众。这股潮流被视为是将神圣的场所世俗化的潮流，它把所有因为神的同在可能带来的敬畏感移除了。在这样的设置中，人们感到与人相处得很舒服，因为他们享受与人在一起的聚集。

但是，在这样的功能性教堂中，神圣场所作为圣与俗的门槛的深刻感觉给遗失了。门槛是个代表转变的地方，象征着从一个地方到另一个地方的转变。最近，一个朋友告诉我，她和她的家庭所经历的圣与俗的门槛的深刻感觉。那时她和丈夫、两个孩子以及一个亲戚去参观圣·路易斯大教堂。从停车点到教堂大门之间的这样一段路途中，他们还在开玩笑、讨论暖和的天气、讲八卦消息还有其他一些琐事。

但是，当他们从外面的世界进入教堂的时候，他们一下子就停止了闲谈。他们目瞪口呆，沉默无语，完全被大教堂门厅上方拱顶壮丽的马赛克艺术品惊呆了。我的朋友对她女儿的举动充满好奇心，她女儿从来没有去过大教堂。这个少女开始踮着脚尖走路，好像她脚步的声音或者她的鞋子与地面摩擦的声响会惊扰了什么似的。这对母女走进圣堂，那里用4300万块马赛克瓷砖和超过8000种颜色来描述圣经的故事和圣·路易斯的生活。当女儿站着观看头顶的拱形顶十分钟后，她不禁发出声声赞叹。然后，她坐在一个条凳式座位上，慢慢地转着头观看四周的墙。这个过程中，这个爱讲话的年轻人不发一言。她被美、宁静和这个圣洁的场所征服了。为了参观教堂的十字型翼部和位于前面的副堂，女儿离开了长凳，走近前去仔细观看。但是，她只走几步路，又回转到长凳前去询问母亲："我可以走到那里去吗？"母亲告诉她哪些地方是她可以进去的，哪些地方是禁止入内的。

当我的朋友看着女儿参观大教堂的其余部分，这位母亲意识到，即便不用告诉女儿，这个年轻人也知道自己是在一个神圣的场所。她跨过了世俗与神圣之间的门槛。而且，即便是使没有经过讨论，这个年轻人也感觉到，作为人，她的本性是世俗的。她的声音，她的脚步声，她的鞋子与地面摩擦的声响，都会破坏这个地方所显示出来的圣洁。她是站在一片圣洁的土地上。

这种认为圣与俗之间有门槛的想法可能会引起争议。圣经真理讲到"神是无所不在的"，所有的被造之物都是神的作为，因此都是圣洁的。但是，圣经对地点的看法却是很积极的。将神圣的地方分别为圣，并不会因为旧约圣经的结束而结束，乃是深深地扎根在创造的行为上，人若忽略了它，就会失去对人类灵魂具有重要意义的东西。

我们一生中总会记得一些自己所珍视的神圣地点。我对自己悔改信主的那个房间有着异乎寻常的感情。我很清楚那个房间并没有奇特的力量，也不是那个房间使我悔改信主。但是，我是在这个地方遇见耶稣的。这个神圣的地方一直会是我生命中一个特殊的场所。

　　1996年，我沿着马丁·路德的生命轨迹参观对他有重大意义的地方。我参观了维腾堡教堂，路德在那个大门上钉上了《九十五条信纲》。我曾去过埃尔福特，在那里路德被祝圣成为神父；然后去了瓦特堡，在那里路德翻译过圣经。基督教历史在这些地方被决定。对于我来说，它们有一种神圣的重要性。访问加尔文曾服侍过的日内瓦的教堂和苏格兰的诺克斯教堂，我也有类似的感觉。当然，它们与圣地之旅相比就相形见绌了，尤其是当我站在橄榄山上，或者走在维亚多勒罗沙大道（苦路），这些是我曾经魂牵梦绕的地方。全世界的朝圣者都有这种常识，那就是圣地是非比寻常的，它是道成肉身的神亲自造访过的地方。这些地方都是圣洁的，因为神亲自行走过。

　　神的圣洁不仅会影响地点，也会影响时间。在希腊文新约圣经中有两个词可以被翻译成时间。第一个是chronos，它指的是平常的一秒一秒流逝的时间。像chronicle（编年史）、chronology（年代学）和chronometer（计时器）这些词都是源于这个希腊词。第二个表示时间的词是kairos，它指的是有特别意义的重要时刻，没有一个特别精确的词可以用来翻译它。最接近它的意思的词是"历史性的"。我们都知道，所有"历史性的"事件都是历史事件，但并不是所有的历史事件都是"历史性的"事件。所以，我们将"历史性的"这个词保留给那些有异乎寻常重要性的事件。"历史性的"事件是那些影响历史的关键时刻。

　　在圣经故事中，"历史性的"事件是发生在时间顺序的情境中的。基督教信仰并没有基于神人之间的独立事件，将自己从历史情境中剥离。我们对圣经的信心是根植于历史事实的。虽然圣经所启示的特殊历史被学者们称为救赎性的历史，但是尽管如此，我们仍然坚信，神所启示的救赎是在救赎性历史中成就的。

　　"历史性的"事件包括以下重要时刻，如创造、堕落、出埃及、被掳、道成肉身、十字架、复活、升天和五旬节。这些事件是神在历史中工作的分水岭。它们被赋予救赎性的意义。

这样的"历史性的"事件经常与圣洁的时刻联系在一起。这些时刻标示了非比寻常的瞬间，在这样的时刻，圣洁的神介入或者闯入世界。在我们的文化中，我们把某些日子标记为"假期"（holiday），这个词其实是"神圣的日子"（holy day）的缩写。在我们国家，并不是每一个假期的庆典都有宗教意义，大多数假期并没有显示出纪念神的圣洁的意味。它们只是被认为在纪念意义上有重要性，所以在日历上与其他的平常日子分别开来。

我们对"庆祝仪式"很熟悉，它们是生命过渡阶段的重要标志。这些仪式并不总是与宗教原因有关。事实上，有些仪式可能是很世俗的或者有神秘色彩。但是，这些仪式有着重要的意义，因为它们标志着从一个舞台或位置到另外一个舞台或位置的转换。流行民谣《毕业日》鼓吹新年夜的经历、球赛胜利等等诸如此类值得纪念的时刻。我们用庆典、宴会、贺卡和其他的文化符号来纪念这段时间。

基督教信仰包含了一个重要的关于神圣时刻的层面。然而，神圣时刻是根植于真实历史，而不是神话。第一个神圣时刻与神完成他的创造大工有关：

> 天地万物都造齐了。到第七日，神造物的工已经完毕，就在第七日歇了他一切的工，安息了。神赐福给第七日，定为圣日，因为在这日神歇了他一切创造的工，就安息了。（创2：1-3）

神将第七日分别为圣。当神在西奈山上赐下十诫的时候，他再次重申这个第七日，即安息日，以之为圣，这个圣日构成了犹太教生活信仰的重要部分。在基督教历史中，安息日有三个截然不同的目的：第一，是对神创造大工的纪念；第二，是对神救赎大工的庆祝；第三，是对神应许将来成全救恩的庆祝——当那日我们就会在天国进入安息。如此，整个救赎历史的过程，从开始到结束，都在遵守安息日中成为圣洁。

即便不是基督徒，人们也希望从每日的单调乏味中解脱出来。他们渴望从疲乏困倦中解脱出来。他们甚至可能会说："感谢神，今天是礼拜五。"周末可以从劳作中"分别"出来，用以休息。人们渴望聚会和快乐的时光来享受和放松。他们也庆祝自己特殊的日子，如生日或者结婚纪念日。他们渴望从此时此地中解脱出来。这种庆祝与基督徒庆祝神圣时刻有着非常显著的不同。伊利亚德花了很长的篇幅来谈论这一点：

> 与之相反，对于虔诚的人来说，他们可以定期暂时摆脱世俗的缠绕，因为有些仪式能够通过一段神圣的时光使人暂时忘记俗世（它并不属于历史性的时刻）。就好像摩登都市中的教堂在空间上突破了世俗，教堂内的敬拜同样突破了短暂的世俗存在。这段时光已经不再是今天的历史性时刻，乃是有耶稣基督同在的历史时光，因着他的讲道、他的受难、他的死亡和他的复活而得以成为圣洁。[1]

每个安息日，基督徒在敬拜中经历神圣时刻。持守安息日标志着基督徒有规律地经历圣洁时刻。参加敬拜意味着经历特殊礼拜的时间。因为道成肉身的真实发生，对基督徒来说，历史本身成为圣洁。我们用主前(B. C.)或主后（A. D.）来标记时间。我们有了历史神学，因为我们认识到历史有个神圣的目的，我们的救恩也一样。

在旧约中，最重要的神圣时刻就是出埃及和逾越节的时刻。神制定了一个一年一度的盛宴来庆祝这个救赎工作：

> 你们要记念这日，守为耶和华的节，作为你们世世代代永远的定例。你们要吃无酵饼七日。头一日要把酵从你们各家中

---

[1] 《神圣与世俗》，34 页，米尔恰·伊利亚德 著，华夏出版社。

除去，因为从头一日起，到第七日为止，凡吃有酵之饼的，必
从以色列中剪除。头一日你们当有圣会，第七日也当有圣会。
这两日之内，除了预备各人所要吃的以外，无论何工都不可
作。你们要守无酵节，因为我正当这日把你们的军队从埃及地
领出来；所以你们要守这日，作为世世代代永远的定例。（出
12：14-17）

同样，新约圣经记录了用圣餐代替逾越节来纪念主。圣餐作为圣
礼是主耶稣在过逾越节的时候订立的。逾越节晚餐的时候，耶稣改变
了逾越节这个重要的仪式，成为他所订立的新约中的一部分，以前被
用于回忆出埃及大迁徙的那些要素，如今被用于表现他死于十字架所
完成的最重要的大迁徙：将人类从罪中迁移出来。

他们吃的时候，耶稣拿起饼来，祝福，就擘开，递给门
徒，说："你们拿着吃，这是我的身体。"又拿起杯来，祝谢
了，递给他们，说："你们都喝这个，因为这是我立约的血，
为多人流出来，使罪得赦。但我告诉你们：从今以后，我不
再喝这葡萄汁，直到我在我父的国里同你们喝新的那日子。"
（太26：26-29）

圣餐的仪式在三个方面与神圣时刻有关。第一，它是回首过去，
指引信徒们通过遵守圣餐来纪念和见证主的死。第二，它聚焦于此刻
的庆贺，在这一刻，耶稣与他的门徒相遇，来喂养他们，给他们力
量，使他们成圣。第三，它展望未来，带着将来与基督在天堂再次团
聚的希望，在那里他们要赴羔羊的筵席，成为主的新娘。

在神圣地点和神圣时刻，基督徒们找到圣洁的同在。想要将超越
性挡在门外的门闩已经被破碎，此刻被圣洁的同在重新定义。当我们
对圣洁竖起栅栏，筑起堤坝不让圣灵的水浸润我们的心田，我们就把

圣洁换成了世俗，抢夺了神的荣耀，舍弃了神给我们的恩典。

唯独神的荣耀(Soli Deo gloria)。

让神的圣洁来触及我们的生命

你已经学习并重新发现了神的圣洁，请回答以下问题。用一篇日记来记录你对神的圣洁的回应，或者和朋友讨论你的回应。

1. 你在哪里经历到圣与俗的门槛？哪里是你的神圣场所？

2. 你曾用什么方法来寻找一扇通向圣洁场所的门？你是去一个特别的地方（在家中，在教会或在自然中）去感受与神的亲近吗？

3. 哪一个时刻可以准确描述为你生命中的神圣时刻？

4. 你怎样培养神同在的辨别力？怎样在你的生活中培养对圣洁的辨别力？